木村泰子×小国喜弘

「みんなの学校」をつくるために

特別支援教育を問い直す

小学館

取材・構成■長　昌之
装幀■近田火日輝（fireworks.vc）
カバー&本文写真■西村　智晴
装画■オカヤイヅミ
本文DTP■永井　俊彦（ラム・デザイン）

「みんなの学校」をつくるために

――特別支援教育を問い直す――

目次

徳岡 佑紀

【序章】
本書が目指す学び

第1回ワークショップより　小国喜弘の冒頭挨拶

東京大学の教育学研究科の教授をしております小国喜弘と申します。これから4日間にわたって、特別支援教育はこれからどのように再構築されるべきなのかということを、皆さんのお知恵をお借りしつつ一緒に考えていくようなワークショップをさせていただきたいと思います。まずは、この会を開催することになった背景を説明させていただきます。

文部科学省は、2019年4月以降、教職課程において、「特別の支援を必要とする幼児、児童及び生徒に対する理解」を深める科目＝「特別支援教育総論」を新たに必修とすることを決めています。これは、幼小中高にわたる共通科目となる予定です。この科目について文部科学省から提示されている教職課程コアカリキュラムが、「現場の子どもの事実から乖離《かいり》しているように見える」のです。コアカリキュラムとはいわばガイドラインで、文部科学省は今回の科目でこういうことを教えなさいということを細かく規定しはじめました。

このガイドラインを見ると、やはり「障害の医学モデル」――医学的知識がないと障害児に正しく対処することはできないということが事細かく書かれています。それを大学もしくは短大で全7回にわたって教えなさいという話になっているのです。文部科学省が示すガイドラインのままこの科目が教えられ、それを履修して、現場に出ていくことになるこれからの先生たちはやや偏った知識を持つことになり、この科目が新設されたことによって、学校を通じた「障害児」の排除が拡大していく危険があるのではないかと考えました。

この問題は教職課程を担当する現場の教員に任せておけばいいというものではありません。なぜなら、現在、特別支援教育を教えているのは心理学か医学が専門の教員ばかりで、障害学の教員というのは全国にもほとんどいないのです。そもそも、従来の特別支援教育の講座で教えられる知識が、なぜ「障害の医学モデル」が中心だったかというと、医学か心理学の専門家が教えてきたからだと思います。今回新設される科目は必修化されますので、特別支援教育の講座を取らない学生にまで拡張されようとしています。

こういう状況にあって、何とかこれに対するアンチな知、これに対抗し得るような知を世間に問いたいと考え、木村泰子先生と相談してきた上で、全4回のワークショップを開催する運びとなりました。

このワークショップで皆さんが討議した内容は、後にまとめて一冊の本として出版します（本書）。東京大学では教科書として採用しますが、東京大学だけではなく全国へ発信できるものを作りたいと考えています。さらには、教職だけでなく、現職の先生たち、例えば、急に通級や特別支援教育の担当になられた方の手助けになるもの、現場で、「この子には障害があるのではないか」と安易に思ってしまったときに、ふと本当にそうなのだろうかと立ち止まって考え直すことができるような、そういう内容のものを作りたいのです。

新しい科目は、全7回で教えることになっているので、このワークショップもそれに合わせて7人の講師に登壇いただく形式にしました。錚々《そうそう》たる方々にご登壇いただけることになりましたが、その知を単に受容すれば、学校現場での間違った「障害児」の排除が止まるというものではありません。大切なのは、現場の問題とそういう知とを突き合わせたときに、どう理解し直すべきなのか、ということです。この場で新しい知が生まれていく、そんな4日間になれば、ありがたいと思っています。

各講師の講座の前に、毎回最初に10分程度、堤英俊さん（都留文科大学専任講師）に話をしていただきます。堤さんは東京大学で新しい科目「特別支援教育総論」を担当していただくことになっています。ここでしゃべっていただくのは、堤さんの考えではありません。来年度、全国の短大や大学の「特別支援教育総論」で教えられるであろう内容です。ある意味、このワークショップからすると、仮想敵となる内容になるかと思います。

参加者の現職の先生方は、すべて木村先生のつてで集めていただきました。いずれも木村先生がとても信頼されていて、新しい知をここで生み出していただけるのではないかという方にお声掛けいただきました。

また、東京大学の院生と学部生も参加します。院生と学部生の方たちは、現場の先生の知恵を引き出すような質問や、分からないことを率直に尋ねる、そんな役割を担ってほしいと思っています。最終的にこのワークショップの議論を教科書にしたとき、学生が読めるものになっていなければ意味がありません。議論のなかで、先生方には現場の皮膚感覚で分かるけれど、学生には分かりにくいというようなものがあれば、「そこは分からないので、もう少し説明していただけますか」とか、どんどん声を上げてください。

そして、先生方には、豊富な現場でのご経験をこの場で出していただいて、新しい知が生まれるその時間を一緒につくっていっていただきたいと思っています。どうぞよろしくお願いいたします。

第1回ワークショップより　木村泰子の冒頭挨拶

大空小学校で校長として9年間学ばせていただきましたが、賞味期限切れ（定年）で卒業しました。卒業してから、全国の学校現場を訪問する機会をいただいています。大空の9年間の学びを基に、この3年半を過ごしてきましたが、全国の子どもたちが置かれている状況に危機感を抱いています。

「特別支援教育」を重視すればするほど、いわゆる「合理的配慮」の名のもとに、担任にとって「気になる子」たちを安易に別の空間に移して個別支援する風潮が強まり、結果として子ども同士の関係が分断されているからです。その結果、通常学級に残った子どもも、分断された「気になる子」も、子ども同士がつながっていれば本来獲得できるはずだった、とても大事な力を失っているのです。目の前で、何度も何度もこの事実を、子どもたちから突き付けられてきました。

２０１７年2月に山形県に行きました。これで全国47都道府県、全部に行かせていただいたことになります。北海道から沖縄、離島にも行きました。大阪だけは行きません（笑）。大阪府はあるけれど、大阪市には行きません。そこは措《お》いておいて……47都道府県で、パブリックの学校における特別支援教育が、子どもたちのどんな事実をつくってきているかを、私は体で感じているのです。

今日集まっているみなさんは、この3年半のなかで、全国で出会わせていただいた現場で実践している先生たちです。その他に大空小学校をつくってきている現役教員、大空小を何年かつくって今は違う学校に行っている教員、そして、今まさに、未来の子どもたちをどう幸せにするのかという研究をされている学部生、院生の人たちです。これって、夢のコラボだと思いませんか。もうこれだけですごいと、ワクワクしています。

このワークショップは、教科書（本書）を作ることも目的の一つになっています。これから若い人たちが学校現場に出たとき、対面する子どもたちから見れば、その先生が新人であろうがベテランであろうが一切関係ないわけです。その一瞬出会った先生という大人と子どもがどんな関係性になるか、ここがとても大きな勝負だと思うんですね。これから先生になる人たちが現場に出たときに、「本当に大事なことはここなんだ」みたいなことを、きちっと伝えていけるような教科書を作ることが一番大事だと思います。

約30名の参加者を7つにグループ分けさせていただきました。各グループには、大空小学校で実践していた、現在、過去の体験を持っている教員が1人ずつ入っています。それから、現役の先生、学生の人たちもその中に必ず入っていただいています。

ワークの中身としては、何か課題が出れば、その課題に対して、グループの中で話し合っていただきます。いろんな話や考えがいっぱい出ると思います。その中でここだけは外したらあかん、大事なのはここだということをまず発表してください。その後で、私たちのグループはこういう話し合いをしたというところを補足していただけたらと思います。７つのグループには当然違いがあって、新たな学びが生まれるはずです。その中で必ず７つのグループの接点をどこかに生み出せると思うんですね。

今から始まるこのワークで一番大事にしていただきたいのは、今日ここにいらっしゃる皆さんが、今まで生きてこられた中で、今の瞬間、ご自分が考えていることを、自分の言葉でどんどん出していただいて、「自分から、自分らしく、自分の言葉で語る」こと。いろいろ年も違えば経験も違う人たちが一つのグループになっています。

しかし、忘れてならないのは、「力による上下関係のある所に学びの本質は生まれない」ということです。これは45年間、現場を経験して、誰よりも失敗からやり直しをしてきた私自身の学びです。だからどんな相手であろうと、人と人として対等の関係で、ご自分の考えを出し合っていただけたらと思います。あとは何の縛りもありません。存分に楽しんでいただけたらいいと思います。

【ワークショップ概要】

このワークショップは、小国喜弘教授と木村泰子先生が発起人となって、東京大学大学院教育学研究科バリアフリー教育開発研究センター主催行事として実現した。２０１８年４月22日に第１回（木村泰子先生によるオープニング・ワークショップ＋星加良司先生講座）、６月24日に第２回（小国喜弘先生講座＋前川喜平氏講演＋南都芳子先生講座）、７月28日に第３回（川上康則先生講座＋川村敏明先生講座）、７月29日に第４回（堀正嗣先生講座＋木村泰子先生によるクロージング・ワークショップ）の日程で、東京大学教育学部にて開催された。

２０１９年度から東京大学にて新科目「特別支援教育総論」を担当する堤英俊先生（都留文科大学専任講師）が、各講座の前に10分間、最低限知っておくべき特別支援教育の知識やコアカリキュラムの内容を解説。参加者は事前に知識を補完したうえで、各講座に臨んだ。

全４回を通じて、木村泰子先生がファシリテーターを担当した。参加者は、①大空小学校関係者（現在又は過去に在籍した教員）、②全国の現役教員、③東京大学の学生と大学院生から成る約30名。参加者は６つから７つのグループに分かれ、ワーク（議論）を進めた。各回によって、各班のメンバーはシャッフルしたが、各班に必ず①②③が入るように構成した。毎回、朝９時から夕方４時過ぎまで、参加者は主体的かつ対話的に学び合った。

【大阪市立大空小学校とは？】

２００６年に開校した大阪市立大空小学校は、木村泰子先生が開校から9年間、初代校長を務め、現在まで続く礎を築いた。

学校の理念は、「すべての子どもの学習権を保障する」。そのため、障害のある子もない子も、お互いの個性を大切にしつつ同じ教室で学ぶ。校則は「自分がされていやなことは、人にしない・言わない」という「たった一つの約束」のみ。この約束を破ったときは、大人も子どもも校長室でやり直しをする。やり直しの第一号は木村泰子先生だった。

「学校は地域のもの」という考えのもと、授業は常に開かれていて、サポーター（保護者）や地域の人が自由に参加し、しんどい子に寄り添っている。

独自のカリキュラムも多く、全校児童が週１回講堂に集まって、みんなで学び合う「全校道徳」。大空小独自の科目「ふれあい科」では、教職員以外の様々な大人が学校にやって来て授業をする「オープン講座」などが行われている。これらの教育を通して、子どもたちが４つの力（①人を大切にする力、②自分の考えを持つ力、③自分を表現する力、④チャレンジする力）を獲得することを大切にしている。

大空小学校に密着したドキュメンタリー映画『みんなの学校』は、２０１５年に公開され、現在も教員や保護者ら有志によって全国各地で上映会が開かれている。

【文部科学省　教職課程コアカリキュラム
特別の支援を必要とする幼児、児童及び生徒に対する理解】

※2019年度から、幼・小・中・高の教職課程において必修化される、「特別の支援を必要とする幼児、児童及び生徒に対する理解」に関する科目＝「特別支援教育総論」（1単位）においては、授業担当者には、左記の項目を授業内容に盛り込むことが求められている。

全体目標：通常の学級にも在籍している発達障害や軽度知的障害をはじめとする様々な障害等により特別の支援を必要とする幼児、児童及び生徒が授業において学習活動に参加している実感・達成感をもちながら学び、生きる力を身に付けていくことができるよう、幼児、児童及び生徒の学習上又は生活上の困難を理解し、個別の教育的ニーズに対して、他の教員や関係機関と連携しながら組織的に対応していくために必要な知識や支援方法を理解する。

(1)特別の支援を必要とする幼児、児童及び生徒の理解

一般目標：特別の支援を必要とする幼児、児童及び生徒の障害の特性及び心身の発達を理解する。

到達目標：1）インクルーシブ教育システムを含めた特別支援教育に関する制度の理念や仕組みを理解している。

2）発達障害や軽度知的障害をはじめとする特別の支援を必要とする幼児、児童及び生徒の心身の発達、心理的特性及び学習の過程を理解している。

3）視覚障害・聴覚障害・知的障害・肢体不自由・病弱等を含む様々な障害のある幼児、児童及び生徒の学習上又は生活上の困難について基礎的な知識を身に付けている。

(2)特別の支援を必要とする幼児、児童及び生徒の教育課程及び支援の方法

一般目標：特別の支援を必要とする幼児、児童及び生徒に対する教育課程や支援の方法を理解する。

到達目標：1）発達障害や軽度知的障害をはじめとする特別の支援を必要とする幼児、児童及び生徒に対する支援の方法について例示することができる。

2）「通級による指導」及び「自立活動」の教育課程上の位置付けと内容を理解している。

3）特別支援教育に関する教育課程の枠組みを踏まえ、個別の指導計画及び個別の教育支援計画を作成する意義と方法を理解している。

4）特別支援教育コーディネーター、関係機関・家庭と連携しながら支援体制を構築することの必要性を理解している。

(3)障害はないが特別の教育的ニーズのある幼児、児童及び生徒の把握や支援

一般目標：障害はないが特別の教育的ニーズのある幼児、児童及び生徒の学習上又は生活上の困難とその対応を理解する。

到達目標：1）母国語や貧困の問題等により特別の教育的ニーズのある幼児、児童及び生徒の学習上又は生活上の困難や組織的な対応の必要性を理解している。

【ワークショップ参加者】

師岡優太（埼玉県立川口特別支援学校教諭）
足立珠恵（東京都西東京市立谷戸小学校教諭／特別支援学級担任）
山形　進（福岡県直方市立直方第二中学校教諭）
櫻井千香（東京都千代田区立麹町中学校教諭／特別支援学級担任）
宮田恭子（宮崎県立都城さくら聴覚支援学校教諭）

大島勇輔（大阪市立塩草立葉小学校教諭／元大空小学校教諭）
村田由美（宮崎県高千穂町立高千穂小学校教諭）
上原　桂（関西創価中学校、高等学校教諭）
市場達朗（大阪市立南港桜小学校校長／前大空小学校校長）
日野善文（大阪市立大空小学校教頭）
澤本貴絵（大阪市立大空小学校教諭）
上田美穂（大阪市立大空小学校教諭）
徳岡佑紀（大阪市立大空小学校教諭）
岡　雅子（大阪市立大空小学校教諭）
櫻井良種（茨城県立小瀬高等学校教頭）
中森千裕（東京大学教育学部4年生）
久島裕介（東京大学教育学部4年生）
近森由佳（東京大学文科二類2年生）
内山幸奈（東京大学文科三類2年生）
末岡尚文（東京大学大学院教育学研究科修士課程院生）
森　和宏（東京大学大学院教育学研究科修士課程院生）

佐伯拓磨（東京大学大学院教育学研究科修士課程院生）
釣部智輝（東京大学大学院教育学研究科修士課程院生）
占部恵利子（東京大学大学院教育学研究科修士課程院生）
渡邊真之（東京大学大学院教育学研究科博士課程院生）
柏木睦月（東京大学大学院教育学研究科博士課程院生）
二見総一郎（東京大学大学院教育学研究科博士課程院生）
高橋沙希（東京大学大学院教育学研究科博士課程院生／特任研究員）
仁平典宏（東京大学大学院教育学研究科准教授）
堤　英俊（都留文科大学教養学部学校教育学科専任講師）

【オブザーバー】

二羽泰子（東京大学大学院教育学研究科附属バリアフリー教育開発研究センター特任助教）
飯野由里子（東京大学大学院教育学研究科附属バリアフリー教育開発研究センター特任助教）

※所属・肩書は、すべてワークショップ開催時のもの。

【第一章】

木村泰子によるオープニング・ワークショップ

「みんなの学校」における「支援」とは

【プロフィール】
きむら・やすこ。大阪府生まれ。2006年に開校した大阪市立大空小学校の初代校長を務める。すべての子どもの学習権を保障する学校をつくることに尽力した。2015年、45年の教員生活を終え、現在は講演活動で全国各地を飛び回っている。著書に『「みんなの学校」が教えてくれたこと』(小学館)等。

私が担当するテーマは、「みんなの学校における『支援』とは」です。その目的は、みんなの学校の「全体目標」をつくることです。

まずは、みんなの学校とは何なのか？　この定義をこの場にいるみなさんが共有しないと、何一つ前に進まないと思います。みんなの学校とは、大空小学校のことではありません。ましてや、木村がつくった学校のことでもありません。

大阪市立大空小学校は、「みんながつくる、みんなの学校」を合言葉に、２００６年に開校しました。１年目、２年目、私たち高齢者軍団（ベテラン教員）は、「もう辞めたい。学校に行きたくない」というくらい落ち込みました。それは、先生の指示を聞かない子どもたちが目の前にいるという現実にぶつかったからです。２年目の新一年生は28人いて、10人が知的・発達障害と言われる子どもたちでした。それまで、自分たちには指導力があると思っていたのに、「教室から講堂に移動します」と言っても、廊下の隅っこでひっくり返っていたり、教室で「何で行くねん。俺、嫌や」なんて言っている子が普通にいるのです。

とことん落ち込んだときに、「自分がいい先生になれば、すべての子どもの幸せは保障できるのか」という話になりました。そして、話し合った結果、ただ目の前の子どもだけを見ようと決めたのです。「指導力がない」と悩んで苦しむのはやめようと決めました。では、楽しむためにはどうしたらいいか、その方法は、「主語を子どもに変えること」しか見つかりませんでした。それまでは、先生がこんなに頑張っている、先生がこんなにしんどい、先生がこんなに走り回っているのにとか、主語がすべて先生だったのです。目の前の子どもたちが安心して学び合っていることだけを目的にするのなら、自分が対応できない場合には、「できへん」って声を上げればいい。そうすれば周囲が「じゃあ、私、それやるわ」となります。私は、教員に一番必要な資質は、人の力を活用する力だと思っています。

これまでは授業をどれだけ上手に流すかとか、どれだけ子ども理解をするかというところに視点が置かれていたけれど、そもそも子ども理解なんてできるはずがないのです。親だって自分の子どもを完全には理解できません。子どもを理解できる＝良い教員、こんな過去の常識は壊さなければなりません。いろいろな過去の常識を断捨離するなかで、新しくつくっていくしかない。これが大空小のスタートでした。

映画のおかげで、みんなの学校は大空小学校の代名詞のように思われていますが、それは大間違いです。みんなの学校というのは、全国のパブリックの学校（税金で運営されている公立の学校）の〝本名〟です。

どれだけ貧困であろうと、どれだけ重度の障害があろうと、どれだけ友達を殴る子であろうと、親に虐待されている子であろうと、先生の言うことを全然聞かない子であろうと、その地域に生きているすべての子どもが、その地域の学校で安心して自分を出しながら学ぶ――この事実をつくること。私たちの仕事はこれしかありません。

だから、みんなの学校の定義は、「すべての子どもの学習権を保障する学校」です。パブリックの使命ってそれしかないと思うのです。どんな特性の子もすべての子が安心して学べる。毎日トラブルがあるけど、このトラブルを生きた学びに変えるのが学校です。このトラブルをいじめに変えるか、生きた学びに変えるか、それが教員の専門性だと思います。

みんなの学校とは、全国のパブリックの学校の〝本名〟である。みんなの学校の定義は、「すべての子どもの学習権を保障する学校」。みなさん、ここまで共有しましょうね。

さて、4日間にわたるこのワークショップの目的は、みんなの学校の全体目標をつくることです。

文部科学省が示す、教職課程コアカリキュラム「特別の支援を必要とする幼児、児童及び生徒に対する理解」（新科目）の全体目標は、「通常の学級にも在籍している発達障害や軽度知的障害をはじめとする様々な障害等により特別の支援を必要とする幼児、児童及び生徒が授業において学習活動に参加している実感・達成感をもちながら学び、生きる力を身に付けていくことができるよう、幼児、児童及び生徒の学習上又は生活上の困難を理解し、個別の教育的ニーズに対して、他の教員や関係機関と連携しながら組織的に対応していくために必要な知識や支援方法を理解する。」と書かれています。

これが、これから先生になろうとする人たちが学ぶ全体目標です。皆さん、改めて読まれてどうお感じでしょうか。正直、私はかなりの違和感を覚えます。ですから、この全体目標を現場の子どもの事実に即した言葉に書き換えること。それを最終日のワークで実現させたいと考えています。

今日は、この全体目標の中から4つのキーワードを取り出して、それぞれのキーワードを子どもの事実からどう捉え直すべきなのかを考えていきましょう。

（木村、黙って黒板にワークのテーマをチョークで書き、「どうぞ」と促す。各班が話し合っている間、木村は教室の隅に腰掛け、黙って聞いている。）

第1回ワーク

「学習活動に参加している実感・達成感とは？　そのための支援とは？」

【各班の発表抜粋】

・どういうことで実感・達成感が得られるかは人それぞれ。だから、その子が自分のできること、やりたいことを実行できているということに尽きるのではないか。そのときに、学級のみんなと一緒にということが大切。その中でできる支援とは、大人が邪魔をしないことではないか。

- 大人の考えを押し付けるのであれば、一体誰のための授業なのか。結局、教室は大人が想定した間違いしか許されない場になっているように思う。
- 何かができるようになること以上に、その子が楽しいと思っていることや、自由な発言ができるなど、自分を表現できていることが、実感や達成感につながるはず。
- 学習に参加しているなかで、子どもが自分から学んでいるときは、実感や達成感があるのではないかというところから議論がスタートした。ただ、参加するためには安心感が必要で、その安心感のためには周りの子とのつながりが必要になるだろう。
- 「支援」という言葉は、あまりよい言葉ではない。では、どんな言葉に置き換えられるか。「引き出す」ではないか。何を引き出すのか。「その子らしさ」を引き出すのではないか。その子らしさとは何だろうと考えたときに、大人が偏見で見ないことが一つのポイントではないか。

木村　ありがとうございます。今、ここにいて皆さんと同じ空気を吸えて、すごい幸せやなって思っています。みなさんの意見を聞いていて、人権教育を根幹にしているという大分県の小学校に行ったときのことを思い出しました。校内には、県のスタンダードといわれるポスターが貼ってありました。その内容とは、「チャイムの5分前には学習の準備ができている。机の上の筆箱、教科書、ノートの位置が決められている。いすの座り方は、両足を床に付け、膝を直角に、背筋をピン。黙々清掃。黙々給食」。わかりますか？　黙って掃除をしろ、黙って給食を食べろということです。県の教育委員会から配られたこんなポスターを、学校のいろいろな場所に貼らないといけないわけです。

案内してくれた人権担当の先生に、「背筋をピンとできない子はどうするの？」と質問してみたら、「えっ⁉」って戸惑っていました。さらに、黙々清掃の目的を尋ねると、「迅速に早く美しく掃除ができること」と答えました。そこで、「それができるようになると、子どもたちが社会に出る10年後、どんな力が付くの？」「人権という言葉を使わないで人権のことを説明して」と尋ねたら、絶句していました。これが人権教育を大事にしているという学校の一つの現実です。でも、ここまで話した時、その先生はそのポスターを破り捨てました。その先生、凄いなと思います。さて、次のテーマにいきましょう――どうぞ。

第2回ワーク

「生きる力とは？」

【各班の発表抜粋】

・一つは「学ぶ力」。国語や算数などを学ぶ力ではなく、外の世界、人とか物とかをどう自分が興味を持って学べるかという力。二つ目は、「つながる力」。人とどう関われて、どうつながれるか。困っていると言えること、困っていると気付けること。三つ目は、「なりたい自分になる力」。四つ目が、「おかしいことをおかしいと言える力」。子どもは教室の中で我慢してつらい思いをしていることが少なからずあると思うので、大人とも対等な関係で「おかしい」と言えることが大事。

大空小の子どもたちは、新任の先生が頭ごなしに叱ると、校長に「あの先生の言い方はおかしい」と言いに行ける。そうやって大人も変わっていけることが、大空小の良さでもある。

・生きる力は、二つに分類できるのではないか。一つは、社会の中で人と共に生きる力。例えば、コミュニケーションを取る力や人に助けを借りる力。もう一つは、自立した人間としての生きる力。困難なことに挑戦したり、努力したり、自分の人生の意味を見出《みいだ》そうとする力も必要だ。

・自分らしく生きていくこと。でも、自分らしくいられない、過ごしにくい場もあるので、そういう複数の世界をバランスよく生きていくことも必要になる。失敗してしまったときなど、過ごしやすい場がときに過ごしにくい場になってしまうこともあるけど、失敗したときでもやり直せる場があるということが、生きる力につながっていくのではないか。

・大空小が大切にしている4つの力（①人を大切にする力、②自分の考えを持つ力、③自分を表現する力、④チャレンジする力）は、やっぱり生きる力につながると思う。

第3回ワーク

「学習上又は生活上の困難とは、どのようなものなのか。困難が生じる要因は？」

【各班の発表抜粋】

・学校の規律やルール、教員の想定した枠からはみ出る子が、困難を抱えた子になるのではないか。例えば、学校規定のノートがあって、その枠の中に漢字を書くことが難しい子は、学習上の困難を抱えることになる。しかし、枠の広いノートを使うことで、その子の困難は解消することができる。

- 家庭環境も困難の生じる要因となり得る。貧困から学習に必要な物が揃《そろ》えられないとか、共働きで食事の時間が遅いから寝る時間も遅くなり、遅刻してくることになるとか。
- 子どもの困難は、学校や教員、家庭環境や地域など、結局、すべて大人が要因で生じている。
- 困難を多く抱えている子は、その子とつながっている人間や認めてくれる人間が少ないことも一因にあるのではないか。
- 政策や行政の問題も関係している。しんどい家庭（貧困、虐待、一人親家庭等）に、社会が寄り添えていないのではないか。一方で、様々な社会制度はあるし、保護者にその利用を呼び掛けても拒否されることがある。班の中でも意見が分かれた。
- 「子どもは家庭か、地域か、学校か、どこか一つでも安心する居場所があれば絶対に崩れない」という安永智美さん（北九州少年サポートセンター）の言葉に共感している。その子がその子らしくいられる場所があれば、生じる困難が減ることにつながると思う。

木村　ありがとうございました。次のキーワードは、「個別の教育的ニーズ」です。映画『みんなの学校』には、カズキという一人の子どもが出てきます。このカズキの場面を全員で共有してもらって（朝寝坊で遅刻してくる場面や、登校を見守るサポーターに暴力をふるってしまうエピソード等を部分的に上映）、「カズキの個別のニーズ」は何かを話し合っていただきます。

私が大空小にいた9年間で、カズキ以上に困り感を持った子はいませんでした。貧困、発達障害というレッテル、親の虐待、教師の体罰。この4つをすべて受けていた子どもです。

カズキが入学してきたのは、私たちが悩み苦しんでいた開校2年目です。担任一人で、一番の困り感を持ったカズキを見るなんて無理でした。そんな能力は大空小にいる誰も持っていませんでした。だから、カズキが学校に安心して来られるようにするためなら、どんな手段を使ってもいい、そんな話をしました。学校だけでは無理だから、地域の方々にも協力してもらいました。カズキが叱られていないかと、夜中にカズキの家の周りを散歩してくれる人もいました。こういう地域の人たちが、カズキの命を守ったのです。

第4回ワーク

「カズキの個別のニーズは？」

【各班の発表抜粋】

- この前のワークで「子どもの困難は、すべて大人が要因で生じている」と発表したが、カズキはその最たる例だと思う。そういうカズキみたいな子のニーズを満たすときに、コアカリキュラムには「個別の教育的ニーズ」と書かれているが、「教育的」は必要なのかという議論になった。教育的ニーズでは狭いのではないか。子どもたち、教職員、家庭、地域もみんなで関わる必要がある。
- カズキにとって大空小は安心していられる空間になっていた。それは、カズキのことを理解してくれる人（大人も子どもも）がたくさんいるから。そういう居場所をつくることがカズキの個別のニーズではないか。卒業してからもカズキは大空小に帰ってくることがある。今も安心していられる場所になっているからだろう。
- カズキの個別のニーズは、まず命をつなぐこと。痩せているカズキを見て、食べ物が必要だと気付くとか、そういうつながりが必要になる。

・私たちの班も最初に「教育的ニーズ」というところに引っ掛かった。「個別のニーズ」でいいだろうというところから議論がスタートして、カズキは何を求めていたのかという話になった。愛されることとか、安心していられる場所とか、見守ってくれる存在とか、自分の気持ちをうまく伝えられることという意見が出た。家庭ではできなかったことを、結果として、学校や地域が肩代わりしたことで、卒業式のあの素晴らしい姿につながったのではないか。高校生になった彼が今、大空塾（大空小学校の学童保育）で子どもたちに勉強を教えていると聞いた。自分がしてもらったことを返しに来ているのだと思う。

木村　4つのワークで、コアカリキュラムの全体目標4つのキーワードを、子どもの事実から捉え直していただきました。みなさん、この全体目標に違和感を持ったのではないでしょうか。

MCですけど、少しだけ自分の意見を語らせてください。「授業において学習活動に参加している実感」、もうここだけで、私はひっくり返ってしまいます。上から目線の「参加している」という言葉を使う学校で、子どもたちは「共に」とか「対等に」ということをどうして学ぶことができるのだろうかと思います。「参加している」という言葉になぜ自分が引っ掛かったかというと、大空小の1年目にカナタとの出会いがあったからです。カナタは一年生の2週間で義務教育を奪われた子どもです。学校に行けなくなった、学校から排除されたということで、大阪市と裁判で係争中だったため、ずっとほったらかされていたのです。カナタは、六年生になったとき、指定外就学ということで大空に来ました。

カナタには強いこだわりがあって、白いご飯しか食べられない。だから、親は「給食指導はしないでください」と頼んでいたのに、ある担任が好き嫌いをなくしてやることがこの子の幸せだと考えて給食指導をしました。「キュウリぐらい食べられるでしょう」と、熱意のある指導をしたのです。結局、カナタは食べられず、家に帰ると、「学校にお化けが出た」と言って、翌日から学校に行けなくなりました。そして、5年間の義務教育を奪われることになりました。

大空小でのカナタの学校生活は校長室から始まります。その後、一年生の教室に入って学びます。一年生の子が「ここ座り」って一生懸命体を寄せて、椅子を半分空けてくれるんです。そこにカナタが座って一年生の読み聞かせを一緒にやって「うん、楽しいね」と言っている。一年生が終わったら二年生。二年生が終わったら三年生——カナタは自分の意思で学ぶ場を選択していき、秋頃に六年生の教室に入りました。六年生の教室に入って

「僕、ここでお勉強するよ」って言いながら、何かを書いて先生に丸を付けてもらいます。そうしたらもう学校中に、「こんなのができた」と言って回ります。そのカナタの姿を見て周りはみんな学ぶわけですね。

　カナタが六年生の教室に入れたときに、担当は「ようやくカナタがクラスのみんなの中で安心して授業に参加できるようになりました。クラスの子どもたちもカナタの受け入れ態勢バッチリです」と連絡帳に書きました。翌日、カナタの母が何と返してくるだろうと楽しみにしていた私たちは、連絡帳をパッと開いたときに凍りつきました。次のようなことが書かれていたからです。「先生たちが喜んでいらっしゃることはとてもありがたく思います。ところが今の先生たちの状況では、カナタが『学校にお化けが出た』と言う日が明日にでもくるのではないかと不安です。〝受け入れる〟という言葉はどんなときに使いますか。元々あるものに違うものを入れるときに、受け入れると言うでしょう。カナタを受け入れるキャパがなくなったら、受け入れてもらえない。それが今の状況です」。

「受け入れる」という言葉を安易に使っているのは、本当に死のうとまで苦しんだカナタと母ではなく、その周りの人間です。他人のことだから、完全には自分事として捉えることはできないけれど、「自分だったら……」と想像することができなければ、特別支援教育なんて一歩も前に進めません。それが、カナタの母から学んだことです。

私たちは「やり直し」(大空小の子どもたちが、「自分がされていやなことは、人にしない・言わない」という「たった一つの約束」を破ってしまったときに、校長室等で何が悪かったのか、これからどうするのかを自分の言葉で語ること)をするしかない。そこで母親に学校に来てもらって、「母ちゃんが苦しんだこと、私らに教えて。お願いします」と言いました。そこで私は、カナタの母から「校長先生、給食のお皿の上にゴキブリが2匹載っています。これを食べなさいと言われたらどうしますか」と突き付けられたのです。ゴキブリと想像しただけで、体がガタガタと震えてくるようで、「ゴキブリなんて食べられるわけないやろ」と、答えました。すると母はニコッと笑って、「そうでしょう。先生にとってのゴキブリが、カナタにとってはキュウリなんです」と教えてくれました。

参加する――元々あるところに参加する――これっておかしい。受け入れる――私たちの学校は、こんな変わった子どもも受け入れてあげている――これもおかしい。この上から目線、先生や大人という目線で子どもたちを見ている限り、受け入れる状況がなくなれば、その子は受け入れてもらえないという事実が目の前に現れることを学んだのです。

【第二章】
インクルーシブ教育って何だろう

星加良司（東京大学大学院教育学研究科准教授）× 小国喜弘（東京大学大学院教育学研究科教授）× 堀　正嗣（熊本学園大学社会福祉学部教授）

講座1

星加 良司

障害の個人モデルと社会モデル

【プロフィール】
ほしか・りょうじ。1975年愛媛県生まれ。東京大学大学院人文社会系研究科博士課程修了。東京大学先端科学技術研究センター特任助教等を経て、東京大学大学院教育学研究科附属バリアフリー教育開発研究センター准教授。研究テーマは、障害の社会理論。

東京大学教育学部で教員をしている星加です。

私からは、障害についての捉え方、特に「障害の社会モデル」という考え方についてお話しさせていただきます。今後、障害についての捉え方を考える上で、どういう視点が必要なのかを皆さんと一緒に考えていきたいと思っています。

文部科学省　教育課程コアカリキュラムには、「視覚障害・聴覚障害・知的障害・肢体不自由・病弱等を含む様々な障害のある幼児、児童及び生徒の学習上又は生活上の困難について基礎的な知識を身に付けている」と、学習目標が掲げられています。今日、私がお話をすることの大きな趣旨、狙いは、本当に「様々な障害のある幼児、児童及び生徒の学習上又は生活上の困難」を学習するカリキュラムになっているか、を考えることです。

午前中の木村先生の講座を終えて、皆さんの中ではそれについての違和感というものが、ある程度共有されていると思います。そうした「障害のある幼児、児童、生徒の学習上又は生活上の困難」について理解するために、各障害種別の医学的、生理学的な知識や、機能障害そのものに関する知識というものが、基礎的な知識に当たるというふうに考えてよいのか。あるいは、それ以外に重要な観点とは何だろうか。そうした目標として掲げられている困難を理解する上で、必修化される新しい科目で教えられる内容が、相応《ふさわ》しいものになるのだろうかということに、私は大いに疑問を持っているのです。

障害者権利条約というものができ、あるいは障害者差別解消法というものが制定されて、そのなかで合理的配慮を提供することが、少なくとも行政機関や国公立の学校等においては義務付けられました。この合理的配慮を義務として提供することが、社会モデルに基づく実践の代表例である、言い換えれば、合理的配慮をすれば社会モデルに基づいた取組をしていることになると理解されている節があります。こういう理解がまったくの間違いということではないけれど、ある種の誤解や不十分な理解に基づく合理的配慮の捉え方というものが広まりつつあることを危惧しています。

それでは、障害の社会モデルの話に入りましょう。障害の社会モデルという考え方は、障害学という新しい研究分野の中で、キー概念として用いられた考え方です。多くの障害当事者が、重要な意味を持つ考え方だと語っています。その典型的な例として、障害当事者でもあるイギリスの研究者リズ・クロウは、「私の人生には二つのフェイズがある。それは障害の社会モデルに出会う以前と以後である。（中略）それは、世界中の何千、何万という人々と共有できる、自分の人生についての理解を与えてくれたのだ」（Crow 1996）と、語っています。障害の社会モデルという言葉、考え方に出会って、自分の人生はまったく違うものになったと、そのぐらい大きなインパクトを与えた考え方なのです。

日本でも国が様々な政策を展開する際の基本的な考え方として、この社会モデルという言葉に言及するようになっているというのが現在の状況です。とはいえ、人生を大きく変えてしまうようなインパクトを持った考え方として、受け止めている人は少ないように感じます。

冒頭で、コアカリキュラムの中にある「障害のある幼児、児童及び生徒の学習上又は生活上の困難」を理解するためには、機能障害（目が見えない、足が動かない、頭がうまく働かない等、その人自身の体の中にある何らかの不具合）というものの知識を学ぶだけでは不十分ではないかと指摘しました。これは、何も私が個人的な感覚や思い付きで言っていることではありません。政府も公式見解として表明しているのです。

まず、障害関連の様々な個別法の基礎になっている障害者基本法があります。それから、2016年に障害者差別解消法が施行されました。この両方の法律の中で、障害者の定義は、「身体障害、知的障害、精神障害（発達障害を含む。）その他の心身の機能の障害がある者であって、障害及び社会的障壁により継続的に日常生活又は社会生活に相当な制限を受ける状態にあるもの」と、最初に書かれています。ここで使われている「障害」という言葉は、機能障害、どこかしら体の不具合があるという意味です。けれどもそれに加えて、「社会的障壁」が困難の原因になっていると、法律に明記されているのです。

ここでいう「社会的障壁」は何かというと、これも定義が法律の中に示されています。「障害がある者にとって日常生活又は社会生活を営む上で障壁となるような社会における事物、制度、慣行、観念その他一切のもの」と書かれているのです。「社会における事物、制度、慣行、観念その他一切のもの」というものが、何をどこまで指すのかということは、後で考えることにしますが、かなり幅広い要因が社会的障壁であると定義されていて、それと障害との関係によって困難が生じていると、既に明文化されているということです。社会的障壁と機能障害との関係で困難が生じていると言っているにもかかわらず、現状の特別支援教育では、社会的障壁についてはほとんど言及されていないのは大きな問題だと思います。

障害の社会モデルとはどういう考え方なのか、政府の出している公式文書の中にいくつも出てきます。ここでは二つ紹介します。

一つは、障害者差別解消法です。この法律は短い文章で書かれているので、その内容を具体的に説明するための政府の基本方針というものが出されています。

「障害者が日常生活又は社会生活において受ける制限は、身体障害、知的障害、精神障害（発達障害を含む。）その他の心身の機能の障害（難病に起因する障害を含む。）のみに起因するものではなく、社会における様々な障壁と相対することによって生ずるものとのいわゆる『社会モデル』」

二つ目は、2017年に出されたユニバーサルデザイン2020行動計画。これは、オリンピック・パラリンピック大会に向けて、様々な国の施策を進めていくなかで、ユニバーサルな街づくりと心のバリアフリーを推進するための政府文書です。

「『障害』は個人の心身機能の障害と社会的障壁の相互作用によって創り出されているものであり、社会的障壁を取り除くのは社会の責務である、という『障害の社会モデル』」

ちなみにどちらの文書も総理大臣がオーソライズしたものです。障害の社会モデルは、法律を運用していくうえでも、あるいは障害関連の施策を進めていくうえでも基礎になる考え方である、これを踏まえて様々な制度や政策を実施していかなければならないということが位置付けられた文書になるわけです。

困難を理解するという目的がコアカリキュラムで掲げられるのであれば、当然のことながら、社会的障壁についてもきちんとした内容の理解を伴った形で学習がなされなければならないと、私は思っています。

国が言っているわけだから、少なくとも、社会モデルという考え方を踏まえて、様々な政策を打っていくことになるのでしょう。ただし、社会モデルという言葉の意味をどう解釈するかによって、具体的な施策の方向性や現場での実践の内容は変わってしまいます。社会モデルの解釈がとても大事になるわけです。

ここからは、社会モデルはもともとどういう意味を持っていたのか、どういう点を重視した考え方だったのかということを、障害学という考え方等にも触れながら、話をしていきます。

社会モデルという考え方を説明する上で、「私たちが『障害』と呼んでいる、英語圏の人たちは『ディスアビリティ』と呼んでいたもの、あるいは今でも日常用語の中ではそういうふうに表現されているものの中に、二つの意味がじつは含まれています。それを分けて考えましょう。含まれている二つの要素を区別した形で物事を整理しましょう」という考え方が出発点になります。

その二つの要素が「インペアメント」と「ディスアビリティ」という概念です。日本語にしにくいところがあって、カタカナのまま使うことが多くなっています。

インペアメントを日本語に訳すとすれば、機能障害としたりもしますが、意味としては「機能・構造上の異常や欠如」です。体の機能が動くか動かないか、あるいは構造や姿、形のどちらかについての「異常とか欠如」、標準的な身体のあり方に照らして、欠けている、足りないと医学的に判断されるようなもののこと、このことをインペアメントと呼びます。こちらの意味で障害という言葉を使うほうが一般的かもしれません。

ディスアビリティは、「社会生活上の不利や困難」の意味です。障害問題に取り組むに当たって、社会的なフィールドで、あるいは社会全体で取り組むべき重要な課題は、ディスアビリティです。社会的なフィールドで、その人たちが困っている状態というものが問題なのであって、その困っている状態を何とかしていくということが社会的な課題であるからです。そう考えるためには、まず、インペアメントとディスアビリティとを分けて捉えないといけません。

では、困難は何を原因としているのか、その理解の仕方は、二つの方向性に分かれます。インペアメントとディスアビリティとをほとんど同じものだと考える、あるいはインペアメントがあれば、やっぱりディスアビリティは生じるのだ、つまり、身体にどこか不具合があれば、その人には社会生活を送っていく上での不利や困難が、自動的に、機械的に、あるいは因果的に生じるものだと考える。そして、そういう捉え方を私たちはずっと当たり前のこととして受け入れてきたと考える。こういう考えを「障害の個人モデル」あるいは「障害の医学モデル」と呼びます。

コアカリキュラムでも、困難を理解するのは重要だけれど、困難を理解するためには原因となっている機能障害、インペアメントの部分をまずは知らないといけませんよねという構造になっています。コアカリキュラム一つとっても、障害の個人モデルが、いかに私たちの社会の中で浸透しているかを確認できると思います。この考え方がベースになって、私たちの社会の障害者政策や教育政策は、組み立てられているのです。

その結果、何が起きているのか。障害問題を誰も放置しようとは思っていない、困難があるのは問題だから何とかしようとはしているけれど、その原因がインペアメント、機能障害なのであれば、まずはそれを治しましょう、あるいはそういう障害が生まれないようにしましょうという予防の話、よくても、機能障害を持っていても社会の中で適応して生きていけるような術を身に付けさせましょうという程度の議論に留まっています。

こういう考え方に基づいて、様々な障害に関する実践や政策が体系化されてきたことを好ましくないと思っている人たちは、それを障害の個人モデルや医学モデルと呼んで批判してきました。その人たちが障害学という新しい研究分野を立ち上げます。その分野の初期の代表的な論者マイケル・オリバーは、こんなことを言っています。

「医師は、車を運転する能力を査定したり、車椅子の利用を指示したり、金銭的な手当の要不要を決めたり、どのような教育を受けさせるかを選択したり、働く能力とその潜在能力を測定したりすることにも関わっている。医師養成課程を修了して免許をもつからといって、こういった場面に関わるにあたって医師が最もふさわしい人物とはいいきれない。それだけではなく、理学療法士、作業療法士、保健師、看護師、教師までを含む、多くの新興の専門家はすべて、医師がヒエラルキーの上位に据えられた組織のなかで働いているか、医学モデルにもとづいた言説のなかでそれぞれの専門的な実践をおこなっている」(Oliver 1990=2006)

言われてみればそのとおりですよね。医者は体のことには詳しいけれど、学校教育システムに詳しいはずがないし、企業の就労環境、労働条件等についての専門的な知識を持っているわけでもない。にもかかわらず、日本の障害者福祉の様々な体系、あるいは教育の学校選択のプロセスの中でも医師は非常に大きな力を実質的に持っています。当然ながら、ある種のゆがみや偏りを生み出していることになります。

個人モデルや医学モデルに対するカウンターとして提起されたのが、「障害の社会モデル」という考え方です。

この概念のポイントは、「ディスアビリティこそが本質的な問題である」ということ。ディスアビリティ（障害者が経験している社会生活上の不利や困難）は、インペアメント（機能障害）によって生じているのではなく、周りの環境や制度、ルールなどが障害のない人（多数派）の都合に合わせて作られていることによって生じているわけです。私たちが当たり前、あるいは普通だと思って行っていることの中に、様々な偏りとかゆがみが存在している。でも、多数派はそのことに気付けないという問題がある。その批判的な視点、観点を持ち込むことが、障害の社会モデルという考え方の原点なのです。

第1回ワーク

「学校現場で行われている特別支援教育は、個人モデルか、社会モデルのどちらが中心か？」

【各班の発表抜粋】

- 校内でこの話題が議論されるとき、個人モデルに基づいた話がされやすいのは、個人モデルは理論的にまとまっていて、専門性がわかりやすいからではないか。周囲の環境に問題があると捉えるより、その子（当事者）に問題があると捉えた方が、アプローチしやすい。
- 環境を調整することでどの子も学べる場を保障しようとしているが、どうしても難しい子が出てしまう。結局は、特別支援教育という形で学びの場を分けて、個別学習をしているという現実がある。
- 障害者を当事者と考えていてはだめ。当事者は自分だと考えない限り、社会は変わらない。社会モデルの実践は、自分が社会とどう関わるか、どんな社会をつくりたいのかという考えを持つことがスタートになるのではないか。

・特別支援教育という社会制度こそが、「障害児」（障害というレッテルを張られる子）を生み出しているのではないか。
・生存のために医療的ケアが必要な子は、例えば、学ぶ場が制限されたりするけれど、どのようにして社会モデルに捉え直せばいいのだろうか。
・社会の多数派と合わないということで、発達検査をしたり、医療にかかったり、薬を服用している子は少なくない。

木村　特別の支援が必要な子どもが自分の家にいる。家からこの子が病院に行くことと、学校に行くことって、全然違うじゃないですか。病院に行って求めるものと学校に行って求めるものの違いこそが、個人モデルと社会モデルの大きな違いではないかと思います。

では、学校においては社会モデルのほうが整合するとして、社会モデルに基づいたみんなの学校をどうつくっていけばよいのか。支援が必要な子どもも含め、すべての子が安心して学べる学習権を保障するために、必要なものは何なのか。続いて星加先生に「合理的配慮」についてご講義いただきます。

星加　みなさんの意見に一点だけ補足させていただきます。医療的ケアの問題をどう考えるのかという話がありました。社会モデルを主張する人たちは、医学は要らないと言っているわけではなく、医学モデルがまずいと言っています。医療は必要です。医者がすべてのことを決める出発点に置かれていることが問題だと批判しています。社会モデルにおいては、適切な形で適切な医療が提供されるような社会の仕組みになること、社会の課題として重要だということは、まったく否定されていません。

ここからは、社会モデルと合理的配慮の話をさせていただきます。

社会モデルという言葉が、様々な国の政策の中で使われるうちに、本来の意味ではなく、矮小化《わいしょうか》されて理解されていく――「矮小化された社会モデル」になっていくという危惧があります。

先に紹介した、ユニバーサルデザイン2020行動計画を例に見てみましょう。

「『障害』は個人の心身機能の障害と社会的障壁の相互作用によって創り出されているものであり、社会的障壁を取り除くのは社会の責務である、という『障害の社会モデル』」。

社会モデルの説明をするときに、「社会」という言葉が3回出てきます。

①「障害はどのようにして生じているのか?」を説明するための要素として、「社会的障壁」(発生メカニズムの社会性)が出てきます。②「それを解決する手段は?」を考えるときに、「社会的障壁を取り除く」(解決手段の社会性)と出てきます。③「誰がそれを

解消するのか?」について、「社会の責務」(解消責任の社会帰属)と書かれています。
①〜③はそれぞれセットになって初めて意味を持つのです。それなのに、とりわけ①を軽視すると、つまり、そもそもどうして困っている状況が生まれているかを考える前に、困っている人に対して誰が何をやるのかということだけを考えていくと、それについての知識ばかりを身に付けようとする落とし穴に陥ってしまいます。現在の社会モデルの使われ方、流通の仕方はこのケースだと思います。
もちろん、現場の実践のなかでどうするかは大変です。目の前に困っている子どもがいるわけですから。とはいえ、例えば、普通の学校の授業についていけないといったときに、そもそも「普通の学校の授業って何だろう?」ということを問い直さずに、困っているところから出発してしまうと、制度がゆがんだり偏ったりしている中で生じている困難にはきちんと焦点が当たらない。的外れな対応策がまじめに議論されることになってしまうのではないかと思います。だから、この社会モデルを考えるときに、②や③も大事だけれど、①は絶対に押さえておかなければならないのです。

もう一つ大切なことは社会的障壁をどう考えるかということです。学校現場でいう社会的障壁は入学拒否とかそういうことだけではありません。私たちの社会で当たり前だと思ってやってきたあらゆることが社会的障壁になり得るのだという広い視点を持って、この社会的障壁の問題、なぜ困難が生じているのかということを捉えなければならないのです。

さて、ここから「合理的配慮」の考え方に入ります。合理性の要件、どういう要素を満たすと理にかなったと見なされるのかについて見ていきます。

一つ目が、「公正な機会均等の実現」です。公正な機会の確保を考えるときに、社会モデルという考え方が非常に重要です。既に社会はゆがんでしまっているのだから、そのゆがみをそのままにして、参加してくださいと言っても、不公平が生じるわけです。だから、そのゆがみを可能な範囲で取り除く。

じつはこの「可能な範囲で」というのも重要なポイントです。社会的要因や構造にも影響を受けながら、歴史を通じて脈々とゆがんでいったものを、気付いたからといってすぐに変えられるものではない。でも目の前に困っている子どもがいるというときに、「社会構造の問題なので、運が悪かったと思って諦めてください」というわけにはいきませんね。そのときにはできることをするしかないということです。

二つ目の要件は、「個別ケースに応じた対応」です。要は、無理のない範囲でできることがあって、個別に対応できるのなら、そのぐらいのことは社会の義務としてやりましょうということ。したがって合理的配慮とは、社会的障壁を取り除くための万能薬ではなくて、対症療法にすぎない。けれども、その配慮さえされない形で不利益を被っている人たちが現実にたくさんいるので、そこについては最低限のルールとして共有しましょうという考え方です。だから合理的配慮をやらないと差別だと言われるし、合理的配慮は義務になりました。ただし、配慮内容が財政上ないし運営上の過重な負担をもたらすものである場合には、それを提供しなくても差別には当たらないとしています。

では、文部科学省はどんなガイドラインを出しているのか。文部科学省・障害者差別解消法対応指針には、「合理的配慮は、障害者がその能力を可能な最大限度まで発達させ、自由な社会に効果的に参加することを可能とするとの目的の下、障害のある者と障害のない者が共に学ぶ仕組みであるインクルーシブ教育システムの理念に照らし、その障害のある幼児、児童及び生徒が十分な教育が受けられるために提供できているかという観点から評価することが重要である」と書かれています。

それから、合理的配慮の内容として三つの種類があると示しています。一つ目が「物理的環境への配慮や人的支援の配慮」。二つ目は、「意思疎通の配慮」。コミュニケーションのプロセスの中に困難が生じる場合に、情報保障を含めてやりましょうということです。この二つは多くの学校で取り組まれているように思います。

三つ目は、「ルール・慣行の柔軟な変更」です。みんなに適用しているルールや慣行があることで、もっと言えばそのルールや慣行が偏った前提の下でつくられてしまっている結果、そこにそぐわない人は様々な困難を経験させられている。だから、そのルールや慣行についても柔軟に変更しましょう。学校教育の仕組み全体とか規則全体は改正できないかもしれないけれど、その場合は個別に例外を認めましょうというのが合理的配慮の考え方です。この三つ目の部分は、学校だけではなく、企業や役所においてもまだまだ意識が低く、あまり取り組まれていないポイントかなと思います。

合理的配慮には、「医学モデル的解釈」と「社会モデル的解釈」という二つの解釈がありまます。木村先生も大いに危惧されているところです。それぞれどのような論理展開、ロジックの流れをするか見ていきます。

「医学モデル的解釈」とは、①障害者には非障害者とは異なる心身の異常＝機能制約がある。⇩②そのために障害者は生活上の困難を経験する。⇩③それを放置することは、我々の良心に反する。⇩④したがって、社会的責務として配慮が提供されるべきである。

「社会モデル的解釈」とは、(Ⅰ)障害者と非障害者との間には心身の特性に関わる差異がある。⇩(Ⅱ)にもかかわらず、社会が非障害者の特性のみを基準に生成・発展してきたために、障害者は生活上の困難を経験する。⇩(Ⅲ)それを放置することは社会的な不正義である。⇩(Ⅳ)したがって、社会的責務として配慮が提供されるべきである。

さて、④と(Ⅳ)は同じことでしょうか。字面上は同じです。伝統的、古典的な障害の捉え方をベースにしても、④社会的責務として配慮が提供されるべきである、と導かれてしまいます。そして、それは合理的配慮に見えるのです。しかし、(Ⅰ)と(Ⅱ)の展開がまさに社会モデルの説明で、それを基盤にすることによって、医学モデル的解釈と同じ(Ⅳ)の命題、考え方に結び付くけれど、それぞれが持っている意味合いは随分変わってきます。だからこそ障害の定義、障害そのものをどう捉えるかということが重要だということを繰り返しています。

そのことを踏まえて改めて捉え直し、もっと露骨な言い方をすると、このように再解釈できるのではないかと思います。

「医学モデル的解釈」は、①障害者は「正常」な身体から逸脱した否定的な身体特徴（インペアメント）を持っているために、⇩②社会生活上の困難（ディスアビリティ）を経験するのだが、⇩③そうした「恵まれない」状況に対する社会の慈善的な反応、あるいは社会連帯の理念に基づく福祉的な措置として、⇩④一定の配慮は提供されるべきだ。⇩つまり、合理的配慮は、「普通」の社会に適合できない障害者に対して、社会の側が善意に基づいて提供する「特別な恩恵」という色彩を帯びる。

「社会モデル的解釈」は、(Ⅰ)本来障害者の身体特徴は、非障害者との間の単なる差異であるに過ぎないにもかかわらず、⇩(Ⅱ)現行の社会が多数派である非障害者の利便性を基準に編成されてしまっているために、障害者は不利益を被っているのであり、⇩(Ⅲ)そのように一部の人々に犠牲を強いるような社会を放置することは正義にもとるのだから、⇩(Ⅳ)せめて可能な範囲の配慮ぐらいは提供されてしかるべきだ。⇩つまり、合理的配慮は、歴史的に社会が障害者のニーズを無視し、偏在的に犠牲を強いてきたことに対する補償という文脈を与えられる（正義の観点からの道徳的正当化）。

第2回ワーク

「みんなの学校をつくるために、当然必要な合理的配慮とは？」

【各班の発表抜粋】

- 目の前にいる子ども一人一人は違うのだから、その一人一人に合わせた合理的配慮が必要になる。障害の有無等は全部取り払って、目の前で困っている子どもの必要に応じて動くことが大事だが、それでも、大人にはどうしてもわからないことがある。そのときは、その子の一番近くにいるのは他の子どもなのだから、子どもたちに「どうしたらいいのか？」を聞いて、その答えをヒントにして動くべき。

- 私たちが合理的配慮の知識や視点を持つことは必要だが、子ども同士がその子にとって何が必要かを考えて、サポートし合える関係をつくることのほうが大切ではないか。
- それぞれの教員の価値観や熱意によって、配慮の内容や手厚さは大きく変わることになる。
- 合理的配慮が必要な子は固定的に決まっているわけではない。その日そのときによって配慮が必要な子は変わる。
- 担任一人で考えるのではなく、全教職員で考えることが大切。そのためには、毎朝、教職員が子どもの情報共有を徹底することなどが必要だと思う。
- 大空小で、友達に「くさい」と言われた子が学校でシャワーを浴びることができるようにした事例があったが、大切なのはその対応をしたことではなく、子どもたちに「その子にいなくなってほしいのか、一緒にいてほしいのか?」と聞き、「では、一緒にいるためにはどうしたらいいのか?」と返したこと。その子のしんどさをどうみんなの学びに変えられるかが、みんながいやすい空間につながる。つまり、しんどいことを学びに変えることが一番大切なことだと思う。

木村　講演等で全国を回っていると、時々、平日の講演会に子どもが来ています。学校がある時間なのに何でここにいるのかと聞くと、「俺、学校行ってへん」と言います。「何で行かれへんの?」と聞くと、「俺、行く所ちゃうねん。俺だけ別扱いやから」。こういう子どもにいっぱい会ってきました。「合理的配慮」を子どもの事実に置き換えたら、どんな言葉に変わっているか。合理的配慮という名の下に「合理的〝排除〟」をしている学校現場が山ほどあるのではないでしょうか。

星加先生のお話にあった、矮小化された社会モデル、３つの「社会」という言葉が混在しているというところは、肚落《はらお》ちした部分でした。障害はどのように生じているのか。例えば、30人の学級で、１人だけ椅子に座れないで走り回っている。残りの29人が、この子のことを迷惑な子と見ているのか、困っている子と見ているのか。多くの学校で行われている合理的配慮は、走り回っている子を迷惑だと思わせることによって、29人の学びを奪っています。では、この29人の学びを奪わないための合理的配慮という見方――健常といわれている子どもが学びを失わないための合理的配慮を考えなければいけないと思います。

29人が座っているからこの子も椅子に座らなければならない。この子が椅子に座れるための合理的配慮は何なのかという発想でいくから、目的はこの子を椅子に座らせることになるのです。以前、大阪市の教育委員会から専門家が大空小にやって来て、椅子に座らせるためには、膝と膝の間にペットボトルを挟ませればよいという合理的配慮の指導をしていったことがあります。「二度と来ないでくれ」と文句を言いました。でも、こういう実態は大阪市以外でもあることなのです。

目の前の一人の子が学校という場で安心して学ぶ。それを支える一つの視点として特別支援教育があるはずですから、次回のワークショップでは、一人の子が学ぶ目的について、みんなで考える必要があると思います。

小国　合理的配慮や社会モデルという言葉は、みんなの学校をつくるための武器になるのだと思います。今日の講義で、文部科学省が社会モデルを矮小化していることも見えてきました。

そして、もう一つ学んだのは、概念は大事だけど、中途半端な概念だったら知らないほうがいいということでした。みなさんが社会モデルについて語ったときの言葉は、ややステレオタイプでした。中途半端な言葉であれば使わないほうがいい。むしろ目の前の子どもに即して語ったほうがはるかに強いわけですね。

言葉を与えられることによって、ある意味、相手に土俵を設定されて思考の枠もはめられてしまう。だから言葉や概念を持つというのは、戦いにも使えるけれど、危うさも孕《はら》んでいることを勉強させていただきました。

講座 2

小国　喜弘　インクルーシブ教育の指標

【プロフィール】
こくに・よしひろ。1966年兵庫県生まれ。早稲田大学教授等を経て、東京大学大学院教育学研究科教授。東京大学教育学部バリアフリー教育開発研究センター長。大空小学校の実践研究を行い、インクルーシブ教育の新たな可能性を模索している。著書に『戦後教育のなかの〈国民〉─乱反射するナショナリズム』（吉川弘文館）等。

私の専門は教育史です。だから、インクルーシブ教育や特別支援教育の専門家ではありません。大空小学校と出会うなかで、インクルーシブ教育とは何かということに関心を持つようになり、このワークショップを機会にさらに勉強しているところです。

この講座では、①国際法から見たインクルーシブ教育、②日本における特別支援教育の展開、③インクルーシブ教育の指標＝「みんなの学校」(School for all) を進めるポイント、の3つの柱で話をさせていただきます。

①国際法から見たインクルーシブ教育

インクルーシブ教育は、サラマンカ宣言（1994年）と障害者権利条約（2006年）という二つの国際法が大きな柱になっていて、これがきっかけとなって推進されています。そして、日本でもそれをしなくてはいけないという議論になっています。

サラマンカ宣言（特別なニーズ教育における原則、政策、実践に関するサラマンカ声明）とは、1994年、ユネスコとスペイン政府の組織によって、スペインのサラマンカで開催された会議で採択された宣言です。「みんなのための教育（education for all）」、「みんなのための学校（school for all）」の推進を目的に、92の政府、25の国際組織の代表、約300名が集まりました。

まず、サラマンカ宣言の内容から確認していきます。特に大事な点を抜き出しました。「すべての子どもは誰であれ、教育を受ける基本的権利をもち、また、受容できる学習レベルに到達し、かつ維持する機会が与えられなければならず」という文言から始まるように、学習権保障の話から入っています。そして、「特別な教育的ニーズを持つ子どもたちは、彼らのニーズに合致できる児童中心の教育学の枠内で調整する、通常の学校にアクセスしなければならず」とあるように、子ども中心で考えるということ、通常の学校にアクセスしなくてはいけないということを押さえておく必要があります。

非常に大事な視点になるのが、「このインクルーシブ志向をもつ通常の学校こそ、差別的態度と戦い、すべての人を喜んで受け入れる地域社会をつくり上げ、インクルーシブ社会を築き上げ、万人のための教育を達成する最も効果的な手段であり、さらにそれらは、大多数の子どもたちに効果的な教育を提供し、全教育システムの効率を高め、ついには費用対効果の高いものとする」という一文です。つまり、インクルーシブな社会をつくるという大きな目標の下位に、インクルーシブな学校をつくることが位置付けられています。より大事なのは、インクルーシブな社会をつくることなのです。それなのに、日本では地域をどうつくるのかという最終的な課題が忘れられがちとなり、学校をどうするかという話に終始してしまいます。

それから、「特別な教育的ニーズに対する準備に関する計画・立案や決定過程に、障害をもつ人びとの両親、地域社会、団体の参加を奨励し、促進すること」とあります。ここで示しているのは、子どもやその親たちの意思は日常的に確認する必要があるということです。当然ながら、インクルーシブ教育とは、就学先を決めるときだけに意思を確認すればよいというものではありません。

「特別なニーズに関する行動のための枠組み」について謳《うた》った項目で注目してほしいのは、「学校というところは、子どもたちの身体的・知的・社会的・情緒的・言語的、もしくは他の状態と関係なく、『すべての子どもたち』を対象とすべきであるということである。これは当然ながら、障害児や英才児、ストリート・チルドレンや労働している子どもたち、人里離れた地域の子どもたちや遊牧民の子どもたち、言語的・民族的・文化的マイノリティの子どもたち、他の恵まれていないもしくは辺境で生活している子どもたちも含まれることになる」とあります。インクルーシブ教育を考えるとき、日本では障害の問題に限定してしまう傾向にあるけれど、そうではない。サラマンカ宣言は、これだけの例を挙げて、すべての子どもを対象にするのだということを強調しています。

また、「特殊学校―もしくは学校内に常設の特殊学級やセクション―に子どもを措置することは、通常の学級内での教育では子どもの教育的ニーズや社会的ニーズに応ずることができない、もしくは、子どもの福祉や他の子どもたちの福祉にとってそれが必要であることが明白に示されている、まれなケースだけに勧められる、例外であるべきである」とあります。特別支援学校や特別支援学級に入れるのは、極めて例外的な場合に限ると宣言されているのです。

さらに「カリキュラムの柔軟さ」の項目では、「特別なニーズをもつ子どもたちは、通常のものと異なったカリキュラムによってではなくて、通常のカリキュラムの枠内で付加的な指導上の支援を受けるべきである。その指導原理は、すべての子どもたちに、付加的な援助やそれを必要としている子どもたちに支援を準備しながら、（他の子どもたちと、）同じ教育を提供すべきだということである」とあります。これが、日本で言うところの「合理的配慮」になるのだろうと思います。

「学校の管理・運営」の項目では、「それぞれの学校は、すべての生徒の成功もしくは失敗に対して共同して責任を負う地域社会であるべきである。個々の教師よりもむしろ教職員チームが、特別なニーズをもつ子どもたちの教育に責任をもつべきである。両親やボランティアは、学校の仕事に積極的役割を果たすよう勧奨されるべきである」とあります。ここでは、地域社会が子どもの教育に対して共同して責任を負うこと。それから、個々の教師ではなく、教職員チームで対応すること。さらに、両親やボランティアが学校の仕事に参加することは財産であるという話まで出てきているのです。

サラマンカ宣言をここまで読んできて、皆さんは大空小学校の実践とかなり近い発想だと思ったのではないでしょうか。大空小学校の先生方は、「インクルーシブ教育ということを考えたことはない、目の前の困っている子どもと真剣に向き合ってきただけだ」と言います。しかし、子どもたちがそれぞれつながりながら、みんなが同じ教室で学ぶこと。学級担任が一人で学級を見るのではなく、全教職員で全校児童を見ること、授業はいつも開かれ、保護者や地域のボランティアがしんどい子に関わること等、意外なほど共通点が多いことがわかります。

インクルーシブ教育を考えるうえでもう一つの基本となるのが、あらゆる障害者の尊厳と権利を保障した障害者権利条約です。２００６年に国連で採択され、日本は２００７年に署名し、２０１４年に日本の批准が承認されました。サラマンカ宣言よりも障害者権利条約の方が、日本の教育を縛る法律としては重い法律になります。

第24条「教育」の中でこう言っています。「障害者（Persons with disabilities）が障害に基づいて一般的な教育制度（the general education system）から排除されないこと及び障害のある児童が障害に基づいて無償のかつ義務的な初等教育から又は中等教育から排除されないこと」（外務省訳・以下同）。つまり、障害者が障害に基づいて一般的な教育制度から排除されないことが大事だと規定しているわけです。それから、「障害者が、他の者との平等を基礎として、自己の生活する地域社会において、障害者を包容し、質が高く、かつ、無償の初等教育を享受することができること及び中等教育を享受することができること」とあります。

この二つは障害者権利条約が規定する大事なところです。もう少し詳しく見ていくと、障害者権利条約に伴って、２０１６年に障害者権利委員会が、「インクルーシブ教育を受ける権利に関する一般的意見第４号」というものを出していて、インクルーシブ教育について以下のように整理しています。

「教育は個々の学習者の権利であり」と、ここでも学習権保障の話から入っています。そして、「他の人権を実現する一手段。障害のある人が貧困から脱し、地域社会に完全に参加する手段を得、搾取から保護されることを可能にするために主要な手段」とあるように、インクルーシブな社会を実現するための手段として考えていることがわかります。

次が非常に重要で、「(インクルーシブ教育を実現するには) 通常学校の文化、方針及び実践を変革することを伴う」と言っています。

それから、「排除、分離、統合及びインクルージョンの違いを認識することの重要性を強調する」とあります。就学猶予や免除というのは、まさに「排除」になるわけです。学校に来なくていいということですから。特別支援学校や特別支援学級が「分離」にあたり、通級による指導というのはグレーゾーンになるのだろうと思います。

そして、おそらく「障害児」と健常児が一緒の教室にいるケースが、「統合」にあたります。

今までのルール（通常学校の文化や実践等）はそのままにして、そこに「障害」を持った子どもも一緒に入れる空間をつくることが、統合＝インテグレーションです。ここで注意してほしいのは、「組織、カリキュラム及び指導・学習方略などの構造的な変更を伴わずに障害のある生徒を通常学級に配置することは、インクルージョンにならない」と、統合はインクルージョンではないと明言しています。つまり、授業のやり方やルール、そういったものをしんどい子に合わせて変えていく努力をすること自体が、インクルージョンの中身なのだということが改めて強調されているわけです。

非常に面白いと思ったのは、「障害のある人の教育では、欠陥を埋めるアプローチと、実際にある機能障害や認識されている機能障害、そして、潜在能力に対する暗黙の否定的な思い込みによる機会制限が、あまりに注目されすぎている。締結国は、障害のある人それぞれの独自の強みと才能を生かす機会の創出を支援しなければならない」とあります。教師にとって望ましくない行動をする子どもは、「障害」というラベルを貼られがちで、一度そのラベルを貼られた子は生涯、低い期待しか与えられないという現状が日本に限らず海外でもあるようです。

例えば、特別支援学校を参観して感じるのは、機能訓練のようなものが重視されすぎているということ。障害とされている部分をどう克服するのかということに、多くの時間とカリキュラムが充てられている気がします。他方で、その子の強みや個性を伸ばすという発想は希薄なのではないでしょうか。この希薄さは、一般の学校に感じる希薄さと通じるものかもしれません。一般の学校でも、算数が苦手な子にどう取り組ませるかということには一生懸命になるけれど、その子が得意なものに焦点を当てて、それがもっと伸びるようにすることに、我々はどれほど関心を払っているでしょうか。こういうことが全国の学校で日常的に起こっているから、あえて一般的意見に入れているわけです。

サラマンカ宣言や障害者権利条約、この一般的意見等を正しく理解しておくことは、インクルーシブな教育を実現しようとするときや、通常学級から「障害児」を排除するような学校のシステムを変えようと思ったときに必ず役立つはずです。国際法にはこう書いてあるということを手掛かりにして周囲の人を巻き込んでいく。あるいは、それを手掛かりにして皆で考え、しんどい子にもっと光を当てていく。そういうときに使える武器になるのです。

②日本における特別支援教育の展開

小国による整理

1969年に原型ができた→1990年代に通級教育の制度化により「インクルーシブ教育」に対応→2007年に「障害」の対象が拡大された→2010年にかすかな希望がと

もった→2011年以降、1969年路線へ基本的に復帰した

さて、問題は、こういう国際法が日本の特別支援教育とどういう関係になっているのかということです。日本における特別支援教育は1969年に原型ができて、それから特別支援教育になって対象は拡大されることになったけれど、基本的な理念は現在まで何も変わっていないように感じます。

1969年に、旧文部省の特殊教育総合研究調査協力者会議から「特殊教育の基本的な施策のあり方について」という報告が出されています。辻村泰男さんが座長となって取りまとめたものです。その報告では、心身障害児の能力・特性等に応じ、柔軟で弾力的な教育的取り扱いをすること、それと同時に普通児とともに教育を受ける機会を多くすることが提言されています。

「能力、特性等に応じた適切な教育が行われるべきであり、そのためには障害の種類、程度等に応ずる多様な教育の場を整備する」ということがあって、「普通児とともに生活し教育を受けることによって人間形成、社会適応、学習活動など種々の面において教育効果がさらに高められる」。だから、可能な限り普通児とともに教育を受ける機会を多くすべきだといっています。

この内容は、今の特別支援教育と似ていませんか。障害の程度と場に応じて、切れ目のない連

続した学びの場を設定するという話になっていて、具体的な施策として、障害のある児童と障害のない児童が交流するということが提言されているのです。日本は早い段階から、統合教育の模索をしていたことがわかります。

その精神のもと1970年に障害者基本法が成立。「国及び地方公共団体は、障害者である児童及び生徒と障害者でない児童及び生徒との交流及び共同学習を積極的に進めることによって、その相互理解を促進しなければならない」と定めました。1993年には、学校教育法施行規則の一部改正によって「通級による指導」が制度化されます。

サラマンカ宣言や障害者権利条約という二つの国際条約を受けて、それに対応するために日本の取った主要な対応が「通級教育の充実」だったのではないかというのが、私の考えです。特別支援教育の研究者である渡邉健治さんはこんなことを言っています。「通級による指導の実施によって、日本は通常の学級に障害児が存在していることを認め、一部ではありますが世界に向けて統合教育を実施していることを表明することとなりました」（渡邉健治『戦後日本の特別支援教育と世相』、ジアース、2014年、60頁）。

通級とは、アメリカでは「リソース・ルーム」と呼ばれ、特別なニーズを持っている子どもが一時的にそこに通って教育を受ける、そういう場です。だから、通級を充実させるということは、一方では日常的に通常学級に在籍していろいろな子どもが一緒に学んでいることになるので、統合教育は充実しているという話にできるわけです。

文部科学省の役人がよく言うのは、「欧米では10～20％も特別なニーズを持った子どもがいるけれど、日本では特別支援学校に行っている子どもは少ない」。私が調べた限りでは、70年代から2％前後で推移しているようです。つまり、欧米流で考えたら、日本の学級は既にインクルーシブな空間になっている。この数字を根拠にして、通級指導を増やすことになっていたのではないかと思います。

日本で特別なニーズを持った子どもの率が低いとされるのは、障害だけに限っているからです。一方、海外ではサラマンカ宣言が示すようないろいろな差異も特別なニーズの対象としているから数字としては高くなっていることは押さえておく必要があります。

それから、もう一つ、教員定数改善の手段として通級指導の拡大が使われたきらいがあります。文科省が財務省との予算交渉の材料の一つとして使っていたようなのです。つまり、通級制度が充実した背景には、政治的な要因が大いに絡んでいるということです。

その後、２００７年には特別支援教育が実施され、「障害」の対象が発達障害等にも拡大しました。詳しくは、星加先生の講座にあるのでここでは省きます。

そして、唯一、光が差したのは民主党政権下です。２００９年に障がい者制度改革推進会議が設置されたのです。翌年から開かれた会議では、障害当事者も入りながら活発な議論が行われました。２０１０年12月17日の会議では、障害者制度改革の推進のための第二次意見を取りまとめ、当時の特別支援教育は、「分離別学の仕組み」であるとはっきりと批判しました。原則は普通学級での包摂であること、本人・保護者の意思を尊重すべきとも主張しています。

ところが、今、文科省が考えている特別支援教育は何かというと、１９６９年路線へと回帰しているのです。２０１２年、中央教育審議会初等中等教育分科会による「共生社会の形成に向けたインクルーシブ教育システム構築のための特別支援教育の推進」の報告を見ても明らかです。「インクルーシブ教育システムにおいては、同じ場で共に学ぶことを追求するとともに、個別の教育的ニーズのある幼児児童生徒に対して、自立と社会参加を見据えて、その時点で教育的ニーズに最も的確に応える指導を提供できる、多様で柔軟な仕組みを整備することが重要である。小・中学校における通常の学級、通級による指導、特別支援学級、特別支援学校といった、連続性のある『多様な学びの場』を用意しておくことが必要である」とあります。

インクルーシブ教育とは本来、包摂の連続性であるはずなのに、日本は学ぶ場の連続性（＝分離別学の制度の持続）になっていることが大きな問題です。その子の障害の程度や種類によって、ここで学ぶのが相応しいと事実上は分けられている。学ぶ場が切れ目なく連続しているとは言うけれど、地域の学校と特別支援学校は同じ都道府県にあっても同一の敷地内にあるわけではありません。ですから実際は学ぶ場の連続性とも言えないのかもしれないわけです。

もう一つの問題は、多様性の問題を「障害」に限定していること。本来は多様な差異を対象としなければならないはずです。いま問題になっている貧困やニューカマー、あるいは、一人親などの家庭環境や宗教など多様な差異があるのに、日本はこれらをインクルーシブ教育の問題とは考えてこなかった。だから、多様性を障害に限定している限り、インクルーシブ教育を推進すればするほど、差別が隠蔽されながら深刻化していくと思います。

なぜなら、障害というのはある意味、負のカテゴリーとして分類されてきたという側面があること。それから、もう一つの障害概念として、産業の振興や社会問題とともに、何が障害なのかということが見事に変わってきたという事実があります。戦前は良い兵士をつくることが最優先だから、健康不良児が障害の大勢を占めていた。工場が増えた60年代は、工場労働に耐えられるかどうかが重要だから、知的障害にスポットが当てられた。サービス産業が中心となった90年代以降は、対人労働、コミュニケーション能力が求められるので、発達障害にスポットが当てられていきました。産業社会のニーズ、資本のニーズによって、何を障害として重視するのかということが決められてきたわけです。つまり、多様性を障害に限定している限りは、インクルーシブ教育を一生懸命やればやるほど、「障害」を持つ子どもたちへの見えない排除は深刻化するということになるのです。

ここ数年、普通学校の普通学級で、「障害」を持つ子どもが一緒に学ぶ姿をよく目にするようになりました。しかし、支援担当や加配教員がその子の横に張り付いていて、二人だけの特別支援学級をつくっているようなケースが多いですよね。その教員の許可をもらわないと、学級の子がその子と関われないというのであれば、見えない形の排除と言わざるを得ません。

インクルーシブ教育の目的は、インクルーシブな社会をどうつくるかであるはずなのに、日本では学び合うことの意義を道徳的効用に限定しているのも問題です。寛容性が身に付くとか、障害理解が進むとか、そういう問題ではないということも押さえておく必要があるだろうと思います。

③インクルーシブ教育の指標

では、今後のインクルーシブ教育の指標となるものはないのか。その一つとして、イギリスの研究者トニー・ブース、メル・エインスコウらによってまとめられ、2002年に刊行された『インクルージョンの指標』（原題／Index for Inclusion: developing learning and participation in Schools）を挙げておきます。既に約40か国語に翻訳されているものです。

そこには、「インクルーシブ教育の定義」として、以下のように書かれています。

- すべての生徒と教職員を同じように尊重する。
- 地域の学校の文化、カリキュラム、コミュニティへの子どもの参加を増やし、排除を減らす。

- 学校の文化、政策、慣行を再構築し、地域の子どもの多様性に対応する。
- 障害のある人や「特別な教育の必要がある」と分類されている人だけでなく、すべての子どもの学習と参加への障壁を軽減する。
- 特定の子どものアクセスと参加への障壁を克服して、子どもの利益をより向上させている実践から学ぶ。
- 克服すべき問題としてではなく、学習を支援するためのリソースとしての子ども同士の違いを見る。
- 地域の教育への子どもの権利を認める。
- 教職員と子どものために学校を改善する。
- 地域社会を構築し、価値を創出する上での学校の役割を重視し、達成度を高める。
- 学校と地域社会の間に相互の関係を維持する。
- 教育への参加は社会への参加の1つの側面であることを認識している。

インクルーシブ教育というと、子どもの問題と考えがちですが、「すべての生徒と教職員を同じように尊重する」とあるように、教職員も学校という小さな地域社会をつくる重要な構成員なのだから、教職員の問題も非常に大事だと言っています。日本ではこの視点が見事に抜けています。そして、ここがとても大事なところで、「『特別な教育の必要がある』と分類されている人だけでなく、すべての子どもの学習と参加への障壁を軽減する」とあります。ある子が授業に参加できないとき、特別な教育的ニーズにどう対応するのかを考えるなら、その子に加配教員を付ければ事足ります。しかし、そうではなくて、学習と参加への障壁を軽減することを考えるなら、例えば、授業法や学級のルールの改善や、その子と周りの子どもとをどうつなぐかなどが重要になるわけです。

さらに、『インクルージョンの指標』にはアンケートが載っています。インクルーシブ教育を実現しようと思ったら、こういうアンケートを作って、まずは教職員や学校関係者、子どもや保護者、地域の人たちでそのアンケートを実施してみること。そして、問題がどこにあるかがわかったら、みんなで一緒にどうしたらいいのかを考えることが大事だと言っています。極めて当然のことながら、とても大事なことだと思います。

例えば、「コミュニティをつくる」の項目では、「誰もが歓迎されていることを実感できているか」とか、「生徒同士が助け合っているか」とか、「スタッフと行政が一体となって働いているか」等の設問があります。それから、「地域社会の様々な要素が学校に関わっているのか」とあります。つまり、学校に関わっていない地域社会のコミュニティがあるとしたら、それは何か。それをどう巻き込めばいいのかということを考えなければならないと指摘しています。

我々は学校で子どもをどう育てるか、そのために地域にどう関わってもらうかと考えてきました。しかし、そうではない。子どもたちは地域で暮らし、成長して働き、家庭をつくっていく。そのなかのある一定の期間のお手伝いをするのが学校なのです。地域社会をどうつくるかということが一番大事な課題であって、そのために学校があるというように、認識を転換しなければならないのです。

「包括的な価値を確立する」の項目では、「教職員、行政、子ども、両親（保護者や介護者）はインクルージョンの哲学を共有しているか」とある。つまり、民主的な社会をつくるという哲学は、すべての人に共有されていなければならないと指摘しています。「教職員と子どもがお互いを人間として尊重し合っているか」の設問があるのもすごいと思いました。「すべての指標に向けて学校を発展させる」の項目には、「教職員の採用と昇進は公正であるか」という設問まであります。「学校はその地域から来るすべての子どもの入学が実現するように努力しているか」という設問もとても大事だと思います。

アメリカやイギリスでも規律による排除がかなり深刻なようです。「多様性のために支援を組織する」の項目では、規律によって排除されないような環境をどうつくるのかということが大きな焦点になっています。「罰則によって子どもを排除しようとする圧力は減少しているか」や、「子どもが学校に出席するための障壁が軽減されているか」などが挙げられています。つまり、子どもにとって必要でないルールは極力なくしていくという発想が必要なのです。子どもたち一人一人が伸び伸びといることができる環境をどう保障するのかといったときに、多くの学校で行われている学習規律や学習スタンダードのようなものは問題であると考えなければ、インクルーシブな環境はつくれないということになるだろうと思います。

まとめてみると、次のような話になります。

子ども、教職員、地域社会にとって、学校が居心地のいい環境になっているのかということが、出発点になります。居心地のいい地域社会をつくるということの原点として、居心地のいい学校をどうつくるかという課題があり、そのためには抑圧的、排除的な規律をどう廃止、縮小していくのかということを考えていかなければならない。インクルーシブな社会をつくる原点としての学校なのだから、子どもだけではないということが大事です。

大空小学校の関係者はよく、「地域の人たちが自分の学校をつくりに大空にやって来るんだ」という言い方をします。インクルーシブの原点としての学校をどうつくるかを考えなければならないわけだから、それはまさにインクルーシブ教育の考え方と共通しています。

それから、多様性の中で共に生きることを体験するとか、共に生きることの意味についてより深く考えるとか、共生についてより深く考えるといったことは、インクルーシブ教育の非常に重要な、独自の教育内容と考えてもいいのではないかと思います。

障害克服よりも、それぞれの独自性を認めた上で長所を通して全体に貢献するという環境をどうつくるか。特別な教育的ニーズではなくて、学習の参加への障壁をどう軽減するか。つまり、しんどい子が包摂されるように協力体制を検討することが大事なわけです。そのしんどい子のしんどいことの中身は必ずしも障害ではなくて、その時々で変わっていくと考えなければ、インクルーシブ教育にはならない。障害だけを考えていたら、恐らく包摂による排除のような形になってしまうのだろうと思います。個別的支援においては、ニーズへの対応ではなく、その子の学習と参加への障壁を軽減するための支援をすることが大切なのです。

インクルージョンは理想状態としてあるのではなく、インクルージョンに向かって不断に改善する過程（現在進行形）のなかにのみあるのだと思います。なぜなら、包摂することによって外部をつくりだすということが、インクルージョンの独自の特性なのだから、ある意味、包摂するという営みと過程を無限に繰り返していくというなかにしか、インクルージョンは存在しないことになります。

インクルーシブ教育への第一歩として、我々は何をすべきなのか。それは、子どもや教職員、保護者や地域住民が、「すべての人が主人公の学校」をどうやってつくるかについて不断に話し合い、不断に工夫し、試行錯誤することしかないのではないでしょうか。

講座3

堀 正嗣

多様な困難を抱える子どもをどのように包摂するか

【プロフィール】
ほり・まさつぐ。1957年滋賀県生まれ。元障害学会会長。「障害児を普通学校へ・全国連絡会」世話人。社団法人子ども情報研究センター副所長、川西市子どもの人権オンブズパーソンなどを経て、2005年から熊本学園大学社会福祉学部教授。編著に『共生の障害学 排除と隔離を超えて』（明石書店）ほか。

私が担当するテーマは、「多様な困難を抱える子どもをどのように包摂するか」です。三つの柱に分けて、お話しさせていただきます。

一つ目の柱は、「多様な困難を抱える子どもを対象としたインクルーシブ教育」です。考え方は徹底して突き詰めて、グローバルでラディカルでなければいけない、しかし、実践は徹底して目の前の子どもに寄り添って、現実的でなければならないというのが僕の考えです。そういう意味で、グローバルな動きも見ておく必要があると思います。

2009年にユネスコが、「教育におけるインクルージョンのための政策指針」を出しています。そこには次のように書かれています。

「民族的・言語的マイノリティや過疎地（先住民等）出身者、HIV・AIDS感染者、そして障害及び学習困難のある少年少女・生徒を含むすべての子どもの要求を満たすために、またすべての若者と成人に学習機会を提供するために、学校や他の教育施設を変革するプロセスである。その目的は、人種、経済的地位、社会階級、エスニシティ、言語、宗教、ジェンダー、性指向、能力における多様性に対する否定的態度および対応の欠如の結果として生じる排除を根絶することである」

様々な形で差別を受け、排除される人たちが世界規模で見ればたくさんいる。こういった人たちすべての排除を根絶して、すべての子どもたちが共に学べる学校をつくっていくこと、これがインクルーシブ教育なのだとユネスコは定義しています。さらにこうも言っています。

「フォーマル・インフォーマル、家庭内・コミュニティ双方の、様々な文脈の下で、教育は行われている。結論として言えば、インクルーシブ教育は周縁的なものではなく、すべての学習者に質の高い教育を保障し、よりインクルーシブな社会を発展させるための中心的な課題なのである。インクルーシブ教育は社会的平等を達成するために欠くべからざるものであり、生涯学習の構成要素なのである」

教育は学校だけでなく、家庭でも行われているし、例えば、児童館のような地域でも行われている。だから、インクルーシブ教育はあらゆるところで行われなければいけない。インクルーシブ教育は、決して障害児とか特殊な子どもたちを扱う周縁的なことではなく、すべての学習者に質の高い教育を保障して、よりインクルーシブな社会を発展させるための中心的な課題だと、定義しているのです。

そして、こういった考え方は2015年の国連持続可能な開発サミットで採択された、持続可能な開発目標の中に、「すべての人に包摂的かつ公正な質の高い教育を確保し、生涯学習の機会を促進する」と盛り込まれています。

この「すべての人」とは、ターゲットが次のように定義されています。

「2030年までに、教育におけるジェンダー格差を無くし、障害者、先住民及び脆弱な立場にある子どもなど、脆弱層があらゆるレベルの教育や職業訓練に平等にアクセスできるようにする」

「子ども、障害及びジェンダーに配慮した教育施設を構築・改良し、すべての人々に安全で非暴力的、包摂的、効果的な学習環境を提供できるようにする」

世界的にこういった取組が行われている状況です。ここで考えたいこと、確認しておきたいことは、インクルーシブ教育という捉え方には、グローバルに見たときに二つの側面があるということです。

一つは、「障害児教育改革の理念と実践」という側面です。

「障害者が障害に基づいて一般的な教育制度から排除されないこと（障害者権利条約第24条2a）／地域社会において、障害者を包容し、質が高く、かつ、無償の初等教育・中等教育を享受することができること（2b）」とあるように、障害児が一般教育制度から排除されない、地域社会において初等教育、中等教育を享受できるということです。

これはもともと世界中の障害者運動が求めてきたものです。日本でも1970年代から当事者、親、そしてそれに関わる教員、市民、いろんな人たちがインクルーシブ教育を求める戦いを展開してきました。こういった全世界の当事者や親や教員や市民の戦いの結果として、いろんな国々でインクルーシブ教育ということが言われるようになり、そして障害者インターナシヨナルのような組織が世界的にキャンペーンやロビー活動を行うことで、国連などでも権利条約のような形で実現していきました。これが、障害者運動が求めてきたインクルーシブ教育という側面です。

そして、もう一つの側面が「すべての人の教育権保障と社会的包摂」です。インクルーシブ教育は、アメリカでは黒人の公民権運動に影響を受けたものです。アメリカでは長く白人と黒人の学校が分けられていました。それは差別であると黒人たちは運動してきたのですが、そのときのスローガンが、「インテグレーション」や「インテグレート（統合しろ）」でした。当時、アメリカでは「分離すれど平等」という考え方でした。白人と黒人で教育を分離しているけれどどちらの教育も保障している。だから違法でも差別でもないという考え方が通っていました。しかし、1954年のブラウン判決によって、分離は不平等、差別であるという判決が下されました。この判決に基づいて人種統合教育を展開していく動きが生まれます。黒人の公民権運動や人種統合教育に学んで、障害者の人たちはインテグレーションとかメインストリーミングを求めて運動していきます。このように、アメリカではもともと人種統合教育から障害者の統合教育というものが生まれてきたのです。

その後、いろいろな国で民族、障害者、フェミニズム、性的少数者、プレカリアート（非正規雇用や無職のような不安定な生活条件にある人）等の運動が活発化し、マイノリティを社会にインクルージョンしていくことが取り組まれるようになりました。

つまり、障害児のインクルーシブ教育という側面と、障害児以外の人たちの包摂という側面、この二つがいわば統合されていくような形で、インクルーシブ教育という考え方が、現在グローバルに展開されているのです。


ここから二つ目の柱「特別支援教育ではなく、インクルーシブ（共生）教育を」に入ります。

じつは、僕は「インクルーシブ教育」という言葉は、あまり好きではありません。多様な解釈ができる余地があり、分離を容認してしまう恐れがあると感じるからです。僕には「共に生きる教育」という言葉が一番しっくりきます。なぜなら、すべての人が共に生き、支え合うのが社会の当たり前の姿であり、教育も当然そうあるべきだからです。

現在文部科学省が進めているインクルーシブ教育システムといった考え方、仕組みを無批判に受け入れて、多様な子どもたちをどう包摂するかを考えて制度化したり実践したりすると、危険な方向へ向かうのではないかと思っています。きちんとした批判意識を持ちつつ、考えていかなければならないテーマではないでしょうか。

１９８１年は国際障害者年でした。日本にも北欧から一気にノーマライゼーション（障害者や高齢者が地域で通常の生活ができるようにするという社会福祉の基本理念）の考え方が入ってきました。そのほかにもいろいろな国際情勢があるなかで、日本でもインクルーシブ教育を実現すべきという声が当時大きくなりました。

その年、文部省は「障害の重い子どもを小・中学校で教育することの問題点」という文書を出して、次の4点を指摘します。

①障害の重い子どもに関しては、小・中学校では適切な教育ができない。②一般の子どもたちの教育に支障が生じる恐れがある。③多額の財務負担を強いられる。④現行の特殊教育制度、ひいては学校教育制度全体の根幹に触れる大きな問題となる。

4点目が何を意味するかというと、要は学力のことを言っています。障害のある子どもが入ってきたら、学力が落ちることになると危惧していたのです。

これを読んだとき、DPI日本会議の副議長をしている尾上浩二《おのうえこうじ》さんの話が浮かびました。尾上さんは脳性麻痺《まひ》です。地域の小学校に入学するとき三つの念書を取らされたと言っています。施設設備の改善を求めない、先生の手助けは求めない、他の子どもの手助けは求めない、それを条件に入学が認められたと言います。例えば2階の音楽室には階段を這《は》って上がって行っていたそうです。音楽室に着いた頃には、いつも授業が半分ぐらい終わっていたと言います。ところが何度もそうしたことを続けているうち、やがてクラスのガキ大将が背負って音楽室へ連れて行ってくれるようになったそうです。そのうちに他の友達も手伝ってくれるようになって、友達もたくさんできて、いい学校生活が送れるようになった、と彼は言っています。

じつは、僕自身も弱視の障害者です。就学指導で盲学校に行くよう言われたけれど、親が「そんな所には行かせません」と言って、地域の学校に入れてくれました。成長するにつれて障害が軽くなる疾病で、障害が重かった小学校低学年くらいまでは嫌なことがたくさんありました。問題は先生たちです。一年生の担任は、僕のことが嫌いだとはっきりわかりました。見る目が冷たいのです。厄介な子が来たという目をしていました。子どもたちからもいじめを受けました。一番つらかったのは仲間外れにされたことです。

子どもたちがいじめのような差別行動を起こすのは、文部科学省の方針、それに則《のっと》った学校の排除的な仕組み、教師の意識に影響を受けるからです。大人が邪魔をしなければ、子どもたちは何の偏見なく、仲間として受け入れてくれました。だから僕は、普通学校に行けてよかったと思っています。

１９８１年の文部省の文書はいわば本音を言っているわけですけど、今もあまり変わっていないと、僕は捉えています。

２００７年に特別支援教育が制度化されます。それまでの特殊教育は、就学基準（学校教育法施行規則22条３別表）に該当する子どもを対象に、盲聾《ろう》養護学校・特殊学級で行われた教育でした。歩けない子や筆記ができない子は養護学校とか、通常の文字が読めない子は盲学校というように、対象となる場を機械的に規定し分離していたのです。

例えば、イタリアでは、１９７７年に特別支援学校が廃止され、すべての子どもが地域の学校に就学することを保障しました。徐々に廃止が進み、今はほとんどありません。２０１１年に、日本ではこうなっていますと、イタリアのボローニャ大学のクオモ教授に話したら、「とんでもない人権侵害だ。君たちはそんなことを放置しているのか。日本の憲法はどうなっているんだ」と、叱られたこともあります。

文部科学省は２００７年に政策の修正を図り、特別な教育的ニーズのある子どもに対して、すべての学校、学級において行われる教育として、従来の特殊教育を「特別支援教育」に転換することにしました。従来は障害児に対して別の場で行うものが特殊教育としていたけれど、今回は特別な教育的ニーズのある子どもに対して行うものが特別支援教育だと言っています。場所は問題ではない。その子にどういうニーズがあって、どうすればその子のニーズに合う教育ができるか、そこが大事だと言っています。この考えはイギリスでは１９８1年に採用されており、日本は26年遅れての転換でした。

しかし、日本の特別支援教育には問題があります。何が問題かというと、まず、従来の判別基準を変えていないことです。施行規則22条3別表は変えていない。だから、そこに該当する障害児は相変わらず特別支援学校に就学しています。対象からニーズへの転換が、実際にはあまり行われていないわけです。

もう一つは、自閉症スペクトラムやADHD、LD等と診断され、ニーズに合った教育をするという名目で、特別支援学級や通級教室等へ分けられる子どもたちが急増していることです。ニーズによる規定は、子どもを「合理的」に細かく分けることにつながっているとも言えるのです。

続いて三つ目の柱、「多様な困難を抱える子どもをどのように包摂するか」についてお話しします。

文部科学省の教職課程コアカリキュラムでは、「母国語や貧困の問題等により特別の教育的ニーズのある幼児、児童及び生徒の学習上又は生活上の困難や組織的な対応の必要性を理解している」と書いてあります。しかし、母国語や貧困の問題があるから特別な教育的ニーズがあるわけではありません。例えば、外国からきた子どもたちについて言えば、その子たちのニーズを満たす学校がないから、困難を抱えてしまうわけです。障害児のインクルーシブ教育システムというものに乗っかって、その中で個人モデルとして外国籍や貧困の子どもに対応しようとすると、さらなる差別につながるのではないかと思っています。こういう問題は、人権問題として取り組む必要があるというのが僕の考えです。

人権教育としてのインクルーシブ教育には、４つの側面があります。
①人権のための教育――人権を大切にする社会や個人を育てることを目的とする教育。
②人権としての教育――教育を受けることそのものが子どもの人権・育つ権利の保障。
③人権を通じての教育――日々の学校生活が人権を大切にする雰囲気の中で営まれていなければならない。また教育の方法や内容が「人権を大切にする」という考え方と合致するものでなければならない。
④人権についての教育――人権のことを直接に内容とした教育。

人権教育としてのインクルーシブ教育の基本的視点は、次のようなものがあります。
①差別や人権侵害の現実から学ぶ。
②子ども主体の教育を創造する。
③「自立と共生」の関係をつくり出す。
④子どもがエンパワーする教育を。
⑤子どもを取り巻く人権文化を構築する。
⑥生活と労働、遊びと表現を重視する。
⑦地域・家庭の共同子育ち・子育てをつくり出す。

こうしたことを踏まえて、私たちは、日本語を母語としないニューカマー、在日韓国朝鮮人、貧困、被差別部落、女性、セクシャルマイノリティ、施設・里親で生活している、虐待を受けている、いじめ、不登校、非行等、様々な不利な状況にある子どもたちの人権を保障し、「共に生きる教育」をどのように創り出すかを考えていかなければならないのだと思います。

木村 ありがとうございました。堀先生は研究者として、現状の教育制度へのご批判を私たちに伝えていただきました。とても尊重すべきお考えです。でも私たちは、文部科学省に対する批判を継続することではなく、このワークのすべての営みを目の前の子どもに返すことを考えましょう。それがみんなの学校をつくることにつながるのだと思います。

コラム

前川喜平（元文部科学省事務次官）特別講演より

（2018年6月24日）

まえかわ・きへい。1955年奈良県生まれ。東京大学法学部卒業後、'79年、文部省（現・文部科学省）入省。文部大臣秘書官、初等中等教育局財務課長、官房長、初等中等教育局長、文部科学審議官を経て2016年、文部科学事務次官。17年、同省の天下り問題の責任をとって退官。現在は、自主夜間中学のスタッフとして活動する傍ら、執筆活動などを行う。

私は、2017年1月まで文部科学省で、役人の一番上のポストである事務次官でした。だからといって、文部科学省がやっていることは何でも知っていると思われては困ります。文部科学省は、学校教育、社会教育、家庭教育、それから文化、スポーツ、科学技術、宗教まで管轄している、幅広い役所です。初等中等教育局長というポストに1年間いましたけど、特別支援教育に深く関わったことはありません。

だから、インクルーシブ教育ということより、私が教育そのものについてどういう意識を持って仕事をしてきたか、あるいは、今どう思っているかということをお話しします。

何が一番大事かといえば、一人一人の命や暮らし、個人の尊厳、そういったものだろうと思います。それ以上に大事な価値はないと思いながら、私は仕事をしてきました。これは日本国憲法が最も大事だと考えている価値であり、そういうものをいかに大切にしていけるかということが、すべての国の仕事の根本だと思っています。行政全体がそうあるべきだし、当然ながら、教育も、教育行政もそうあるべきです。

そういう目で見たときに、日本の学校が一人一人の個人の尊厳を最大限尊重する場になっているかというと、かなり怪しいと思います。文部科学省の中で教育行政をやりながら、行政、学校の在り方について、かなり疑問を持ちながら仕事をしていました。

日本の学校は、日本の近代国家建設というものと一緒になって歩んできました。明治以降の学校教育、特に明治20年代以降の学校教育というのは、富国強兵のための国家に役立つ人間を育てるという目的のために奉仕してきたわけです。戦後、理念は民主化されたけれども、実体としては経済成長を支える人材をつくってきたというところが大きいと思います。だから、特別支援教育やインクルーシブ教育という以前に、学校教育全体が本当に一人一人を大切にするものになっていたかというと、大いに疑問があります。

明治18年に内閣制度ができて、初代文部大臣に森有礼《ありのり》が就任して、小学校令、中学校令、師範学校令、帝国大学令というものを作って、国家主義的学校教育の礎を築いたと言われています。そのとき以来、軍隊式の教育はずっと残っています。「前へならえ」なんてやっているのは、日本の学校だけです。運動会の入場行進は、歩兵の分列行進なのです。「全隊、止まれ、1、2」とかやりますよね。〝全体〟ではなく、〝全隊〟です。つまり、軍隊のことであって、隊列を組んでいることを意味します。そうやって規律正しく行動することが大事な価値観でした。規律の中では、教師と子どもとは非常に強い権力関係で結ばれます。つまり、教師は権力者なのです。それは校則にも表れていますよね。

一方、大空小学校の校則は、「自分がされていやなことは、人にしない・言わない」（たった一つの約束）だけです。これは社会全体に通じる唯一のルールと言えるくらいのもの。みんながこれさえ守っていたら、さぞや住みやすい世の中になると思います。ところが、学校はみんなが一緒でなければいけないと、いろいろなルールを押し付けます。多様性をすべて包摂するという、インクルーシブ教育とは逆行する考えが蔓延《まんえん》しているわけです。

それどころか、２００６年の教育基本法の改正などは、その動きを強めようとさえしています。第2条によって教育の目標に、道徳心を培うとか、公共の精神に基づいて社会に貢献する態度を養うとか、国や郷土を愛する態度を養うとか、こういう内容が新たに盛り込まれました。これは学校教育だけに限らず、家庭教育も含んだ目標です。つまり、家庭教育においても、この目標に従って教育しなさいということです。個人の尊厳や自由と逆行する目標が、法律で定められているのです。それから、学習規律が強調されることにもなりました。

言ってみれば、校則の根拠となるわけです。

さらに問題なのは、政治権力が教育に介在しやすい文言になってしまったことです。オリジナルの教育基本法では、教育は政治権力から自由でなければいけないという考え方が入っていました。「教育は国民全体に対し直接に責任を負って行われるべきもの」という文言があり、これは何を意味するかといえば、政治権力はそこに介在しないということです。しかし、その文言はなくなって、新たな教育基本法の第16条では、「教育は、不当な支配に服することなく、この法律及び他の法律の定めるところにより行われるべき」と書かれています。先述した第2条によって、教育の目標が定められているわけですから、政治権力が法律を盾に取って、郷土や国を愛する態度を養うことを励行しなさいと圧力をかけることができます。政治権力が学校や教育に介在することを許してしまう条文が今の教育基本法にあるわけですね。

だから、インクルーシブ教育を議論する前に、今の教育のあり方そのものが危うくなっていることを理解してほしいと思います。その一つの表れは道徳の教科化です。小学校では道徳が特別の教科となり、中学校でも２０１９年度から特別な教科となります。特別な教科になるということは、検定教科書を使わなければならない、検定教科書で教えなければならない、そういう縛りがかかるということです。もう一つは、学習成果を評価しなければならないということです。

文部科学省では中央教育審議会で一生懸命、有識者の人たちにも議論してもらい、生の政治がそのまま学校に伝わらないようにしています。学習指導要領の解釈を示した、学習指導要領解説という文部科学省の著作物があります。この道徳編では、「これまでは必ずしも、子どもたちが考え議論する道徳になっていなかった。これからは子どもたちが自ら考え議論する道徳に転換するのです」と言っています。あるいは、特定の道徳的な価値を教え込むような、そういう授業をやってはいけない、正解のない問題を考えることに道徳教育の意義があるということを繰り返し強調しています。教材についても、教科書使用義務があることは前提にしつつも、「多様な教材を使いましょう。先生方がいろいろアンテナを張って、いろんな教材を授業で使うよう努力しましょう」と言っています。

だから、学習指導要領解説を読むと、文部科学省もそうひどいことは考えてないことがわかります。しかし、学習指導要領そのものは、「かくあらねばならない」という徳目を並べ立てているわけです。しかも、教科書はそれに沿って作られているので、かくあらねばならないという型を示しています。人間はこうあるべきだと決めつけているわけですね。これは非常に問題です。私は本当の意味で個人の尊厳を大事にする、そういう教育をするためには、今の動きというのは非常に危ないと正直思っています。

さて、少しはインクルーシブ教育の話もしましょう。文部科学省では「インクルーシブ教育システム」といって、特別支援学校、特別支援学級の存在を認め、一人一人の障害への対応によっていろいろな学びの場が用意されています。だから、制度としては学びの連続性があるということになります。しかし、それが本当にインクルーシブかというと、特別支援学校で、しかも寮に入っていたりすると、地域社会から完全に切り離されたところで教育を受けているわけで、連続性があるとは到底言えない。そういう形態は現にあるのだから、インクルーシブな社会の一員として参画していく、そういう教育になっていないじゃないかという批判は当然あるだろうと思います。

文部科学省は、「すべての子どもを同じ教室で学ばせるのは無理だ」ということを前提としているわけです。でも、文部科学省も今のままでいいとは言っていない。できる限り一緒に学ぶ状態をつくり出していく、そういう努力をすることが大事なのは文部科学省もわかっていると思います。

小国さんのお話にあったように、一人一人の子どもがそれぞれの学習に互いに積極的に関わっているかどうか、これは非常に大事なことだと思います。よりインクルーシブな教育に近づく努力が必要なのです。単に同じ空間にいるだけで、何の工夫もなく一斉授業だけをやっているなら、同じ空間の中で一部の子どもを排除するような現象が出てくるだろうと思います。

日本の学校は欧米の学校に比べて、子どもたちが一緒に暮らす共同体という性格が強いですよね。子どもたちと先生たち、そして地域の人たちも入って、学校を一つの場とする共同体を形成し、そこに社会がつくられていく。共に暮らす場であり、生活する場である。だから、そこに、障害者やLGBT等のマイノリティ等も含めた、様々な個性を持った子どもがいることが非常に大事なのだと思います。その子たちをどういうふうに一緒に包摂していくか、インクルードしているか。それは、そのまま学校の外の社会につながっていくわけだし、様々な違いを持った人たちがお互いを尊重し合いながら生活していける社会をどうつくっていくかに直結していきます。学校は子どもたちの共同体であると同時に、将来の大人の共同体の芽のようなものだと思うのです。

憲法で保障されている等しく学ぶ、等しく教育を受けるというのは、同じことを学ぶことだとは限らないと思います。一人一人に応じた学びがないと、一人一人が積極的に学習に参画できるはずがありません。だから、大切なのは、違いを前提にしつつ共に学ぶこと。一人一人の学びのニーズを踏まえながら共に学ぶ、そういう学習空間をどうつくっていくかということがインクルーシブ教育の課題だと思います。

じつは先日、映画監督の山田洋次さんと対談して、主に夜間中学について語り合う機会がありました。山田さんは1993年に『学校』という、夜間中学を舞台にした映画を撮りました。その夜間中学では、脳性麻痺の人、中国からの引き揚げ者の子ども、それから在日のオモニ（朝鮮語で母親の意）、不登校だった学齢期の子ども、働きながら学んでいる大人……そういう様々な背景のある人たちが学んでいる。それぞれ学習ニーズは違うはずなのに、そこで一つの学習文化をつくっているのです。それぞれの背景が違うので、それこそ「全隊前へ進め！」みたいな画一的な規律は邪魔になりますし、一人一人の違いを尊重することから始めなければ教育が成り立たない空間ですよね。ですから、夜間中学はいろいろな多様性が認められる空間として、ずっと存在してきたのだと思います。

3〜4年前から文部科学省のなかでにわかに「夜間中学は大事だ、全国に夜間中学をつくりましょう」という話が出てきました。政治の風向きが変わったことも大きかったと思います。これまでほったらかしにしていた夜間中学を改めて見てみると、中学校の学習指導要領と違うことをやっているということで、大慌てで2017年に学習指導要領特例制度を作りました。人生経験が違い、学習歴も学校とは限らず、実社会の中で様々なことを学んできた人たちが混在しているので、一人一人に応じたカリキュラムがあっていいという考え方のもと、要するに学習指導要領にとらわれず好きにやってください、つまりは、これまでどおりやってくださいという特例です。そうやって自由な学びを保障することで、様々なタイプの違う人たちが包摂されていく、そういう学習空間になっていける制度的な受け皿ができたのではないかと思います。

映画の舞台になった1993年の夜間中学と今の夜間中学とでは様変わりしていて、現在はニューカマー外国人が約7割を占めています。日本は移民政策を採っていないから、移民はいないことになっているけれど、実際には様々な形で日本に入ってきた外国にルーツを持つ人たちが、夜間中学で学んでいます。中国、韓国、フィリピン、ベトナム、タイ、最近増えているのはネパールです。文化的、言語的、民族的なルーツの違う人たちがどんどん日本に入ってくる時代ですから、この人たちのインクルージョンというのは、障害のある人たちのインクルージョンと同じように、非常に大事な問題だと思います。

社会的な問題としては、2016年に津久井やまゆり園の殺傷事件がありましたね。こういう犯罪は、今後インクルーシブな社会をつくっていかないと、もっと増える危険性があると思います。それから、ヘイトクライムやヘイトスピーチも増えていくでしょうね。

学校は社会をつくっていく〝種〟みたいな場所ですから、学校でいかにインクルーシブな状況をつくっていくかということが、インクルーシブな社会づくり、さらには個人が尊厳を保ちつつ生きていける社会づくりのために非常に大事ではないでしょうか。

繰り返しますが、今の（安倍）政権が目指している方向性はそれと逆行しています。純潔日本人主義とでもいうようなものがあるわけです。これは極めて危険です。今の政権が進めようとしている道徳教育は、日本人としての自覚とか、日本人として国を担うとか、そういうことを強調しています。すでに児童の半分が外国人という小学校があちこちにありますが、そういう学校で日本人としての自覚をどう教えるというのでしょうか。
共に学ぶ、そして一人一人のニーズに応じて学ぶ、こういう条件をいかにつくっていくか。非常に大事なことだと思います。

【質疑応答】

木村　今回、前川喜平さんには、一私人として来ていただきました。私人の方の言葉から学ばせていただいたわけです。ということはつまり、困ったこと、知りたいことは何でも聞いてよいということですので、皆さんよろしくお願いします。

参加者A　特別支援学級を形式上のものにして、実態としては特別支援学級の教職員を普通学級に充てることで、どの子も同じ教室で学ぶことを実現している学校があります。こうした措置をとることについて、文部科学省はどうお考えですか？

前川　現行制度では、特別支援学校や特別支援学級、通級指導の教職員の定数は、法律上別の枠組みがあります。しかし本来はすべての枠を取り払って、全体の基礎定数の中にそれらも含み込むべきだ、というのが私個人の意見です。つまり、特別支援学級があるから何人、通級指導のために何人と分けるのではなく、それらは一定数の学習集団があれば必要なのだから、定数の種類を分けずに一律に定数の中に含める。そして、それをどう活用するかは学校や教育委員会に任せるべきだ、と私は考えています。しかし、個人の意見で組織を動かすことはできません。現行制度上は特別支援学級にも通級にも個別に定数があるのだから、そういうやり方は脱法行為だと言わざるを得ません。

参加者B　文部科学省の中でインクルーシブ教育の問題を考えるときに、例えば、ニューカマーの人たちの日本語指導の問題をまったく対象としないのは、なぜなのでしょうか。インクルーシブ教育の問題を担当する特別支援教育課だけでなく、もっと様々な課によって横断的に取り組むという選択肢はないのでしょうか。

前川　文部科学省の中では、インクルーシブ教育は特別支援教育の文脈でしか考えていません。ですから、ギフテッドの話も、外国人についても関係ないという話になっています。外国人については、同じ文部科学省でも、特別支援教育課の隣にある国際教育課が担当しています。隣にあるといっても物理的に隣にあるだけです。要するに、「縦割り」なのです。縦割りなので、全体をインクルーシブに考える人がいません。

木村　ありがとうございます。インクルーシブを打ち出さなければならないところが、インクルーシブな組織にはなっていないということですね。だから、そういう文部科学省から下りてくるものを、私たち現場は言われた通りに運用するのではなく、いかに主体的に取り組むかが大事だということがよくわかりました。

前川　行政はすべて縦割りになっているわけです。例えば、保育所（厚生労働省が管轄）と幼稚園（文部科学省が管轄）もそうですよね。学童なんかもそうです。放課後の子どもたちの問題も、放課後子ども教室は文科省、放課後児童健全育成事業は厚生労働省の管轄になっています。しかし教育現場には、文科省系の子ども、厚労省系の子どもなんて存在しないわけですよね。ですから、発達障害のある子どもと外国にルーツを持つ子どもが同じ教室の中にいたときに、その子たちをどうやってインクルージョンしていくかというのは、やっぱり現場でやってもらうしかありません。現場の主体性に期待するしかありません。だから、私は文科省で、「現場の主体性をできるだけ生かすような運用をしよう」と言い続けていました。とにかく杓子《しゃくし》定規はよくないと。弾力的運用、拡大解釈をぎりぎりのところまで行うべきだというのが、私の考えです。

参加者C　道徳の教科化にあたって、文部科学省は「考え、議論する道徳」が大事と言いながら、教科書にはお辞儀の仕方が載っていますし、規律も求めています。いろんなことができると言いながら、一方では縛っていくような、二つの方向性が同居しているように感じられます。そういうことを踏まえてお聞きしたいのですが、文部科学省の役割は、学校現場の支援なのでしょうか、指導なのでしょうか、それとも監督なのでしょうか。

前川　私は、教育行政とは「教育を支援すること」という気持ちで仕事をしてきました。若い頃につくった私個人の教育行政観があります。それは、①教育行政とは人間の人間による人間のための行政である。②教育行政は助け、励まし、支える行政である。③教育行政は現場から出発して、現場に帰着する行政である。つまり、現場がすべてである。これが私のモットーです。

今の道徳教育が政治権力から強く圧力を受けているのは事実です。このままだと、日本の社会は本当に危ない。政界には戦前回帰、国家主義、全体主義、歴史修正主義の政治家たちがはびこっています。そして、そういう政治家を特に20代、30代の若者たちが支持していることを、とても心配しています。そういう戦前回帰的な考え方を押し付けてくる政治の力があって、道徳は教科化されたわけです。そういう考えは新しい教科書にも表れています。中学校で使われる教科書の中には、「過労死寸前まで仕事をするのは立派なことだ」ととれるような教材があったり、「女性が仕事を辞めて介護するのは美徳である」と価値観を押し付けるような教材も載っています。だから、一人一人の先生たちにぜひ、健全な批判精神や健全な常識をもとにきちんと考えてほしいと願っています。

【第三章】

合理的配慮って何だろう

―特別支援学校の視点×「みんなの学校」の視点―

川上康則（東京都立矢口特別支援学校教諭）× 南都芳子（元大阪市立大空小学校教諭）

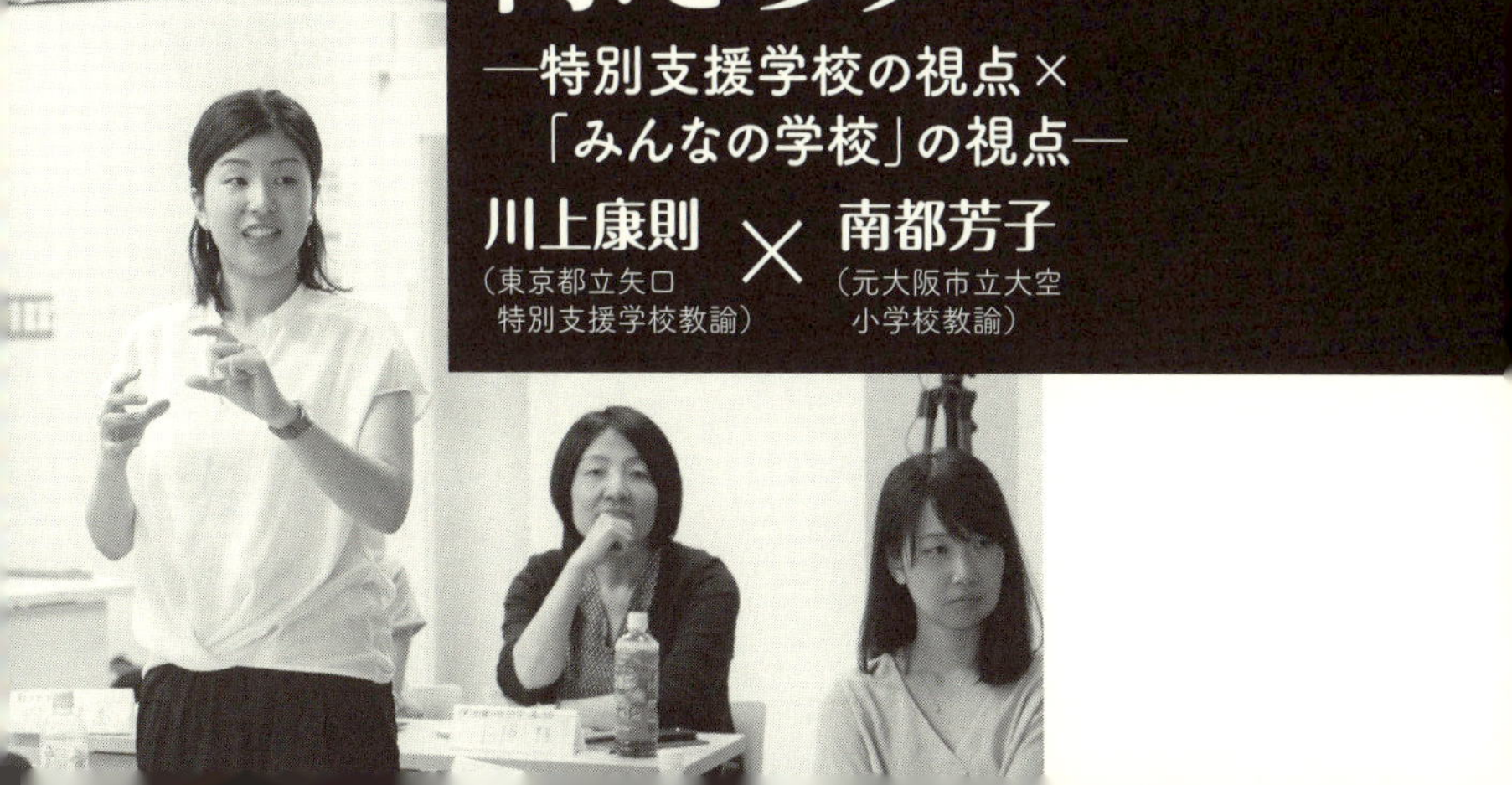

講座
4
川上　康則
通級による指導及び自立活動とインクルーシブ教育

【プロフィール】
かわかみ・やすのり。1974年東京都生まれ。東京都立矢口特別支援学校教諭。臨床発達心理士、特別支援教育士スーパーバイザー。肢体不自由、知的障害、自閉症スペクトラム、ADHD、LDなどの障害のある子どもに対する高度な教育実践を積んだ、特別支援教育の専門家。『通常の学級の特別支援教育 ライブ講義 発達につまずきがある子どもの輝かせ方』（明治図書）など著書多数。

最初にクイズです。かつては「車イス用トイレ」と書かれたマークをよく目にしました。今ではほとんど見ることはありません。では、どういう表記に変わってきているでしょうか（会場から参加者たちが口々に答える）。そうですね。例えば、「だれでもトイレ」。それから、「みんなのトイレ」や「多目的トイレ」、「多機能トイレ」などと書かれていると思います。こんなふうに出発点では特定の人を対象にしていたことが、より多くの人にとっての便利と安心につながることがあります。

だから、障害に関して深く掘り下げるというより、子ども理解の「守備範囲を広げていく」ことが大切です。守備範囲が狭いままだと、子どものちょっとした言動が許せない、あるいは対応できないときに子どものせいにしてしまうことがあると思います。この子がいなければクラスは落ち着けるのにとか、そんな気持ちが芽生えてきてしまうこともあると思います。守備範囲が広くなってくると、子どものちょっとした成長に気付けて嬉しくなります。対応できないときには、自分を磨こうと考えていけるのです。

児童精神科医の故・佐々木正美先生は、「学校現場には、熱心な無理解者が多い」とおっしゃっています。少し皮肉めいた表現ですけど、「無理解、誤解、理解不足なまま、熱心な指導を繰り返していると、かえって当事者の状態が悪化してしまうよ」という意味だと思います。だから私たちは守備範囲を少しでも広げて、熱心な理解者になり続ける努力をしなければならないのだと思います。

中学校や高校に巡回相談などで伺うと、こんな生徒に出会うことがあります。机に突っ伏して動かない。「どうせ、でも、だって」とか、やる前から何か諦めているように感じられる。それから、制服の上着を頭からかぶって、支援を受け入れないという態度を表明している生徒もいます。

改めて、「自尊感情」というのは、重要なキーワードではないかと思います。自尊感情は二つの柱で成り立っていると言われています。一つは、自信、積極的、有能感、できるという気持ち、幸せな気持ち、自分を大切に思う気持ち。つまり、できるとかできそうだと感じることです。もう一つは、劣等感、消極的、無力感、できないという気持ち、不幸でつまらないと思う気持ち、自分をみじめだと思う気持ちで、これらも自分の一部なのだと受け止められること。これも自尊感情に含まれます。前者だけしかないと、根拠のない自信家のように見えてしまうし、後者だけしかないと自己否定が強い場合が多いと思います。どちらもバランスよく保っていることが、自尊感情の条件になります。

通級指導の場とは、自尊感情がどれぐらいあるかを見る場でもあると思っています。ここが乏しければ、様々なスキルやその子が今後身に付けてほしいものも入りにくいからです。この自尊感情をつぶすのは結構簡単です。できないとか、わからないという状況が続くと、大抵の人は自尊感情がつぶれていきます。元々つまずきのある子の場合は二次的に登場してくるものがかなり大きいです。これを「学習性無力感」と呼びます。具体的に言うと、できない経験が繰り返されると、頑張ろうとしなくなっていく。わからない経験が繰り返されると、理解しようとしなくなっていく。そういう状態です。学習性無力感というキーワードは、教員採用試験のテキストなどでも必ず載っていて、教育心理学の分野では重要視されています。ここにいらっしゃるみなさんは、誰が提唱した概念かすぐ言えますよね。隣の方と確認し合ってください

（参加者のほとんどが顔を見合わせて苦笑）。

ありがとうございます。人間、わからないと笑うところがあります。学習性無力感はアメリカ人のマーティン・セリグマンという心理学者が打ち出した概念です。ただ、セリグマンの名前を覚えておくことよりも大事なことがあります。それは、先ほど、「学習性無力感、誰が提唱した概念かすぐ言えますよね」と言われた瞬間の、どきっとした緊張感です。私だけは指名しないでという雰囲気がちょっと流れました。あの瞬間が、もしかしたら子どもたちが授業の中で居場所を失っている瞬間かもしれません。とすると、私たちが日常で比較的よく使っている、「わかる人？」と挙手を促す場面。あれはもしかしたら、わからない子の居場所を失わせている発言かもしれないということです。そういう気持ちを常に覚えておく必要があると思います。その一方で、隣の人と話して、「良かった、どうやら知らないのは私だけじゃなさそうだ」

と思った瞬間。また居場所が戻ってきましたよね。だから安心感、わからないという場合でも安心感があるというのは、重要なキーワードだと思います。

学習性無力感から抜け出すにはどうしたらいいか。早期に「援助要求スキル」を身に付けること、ここに集約されるような気がします。援助要求スキルを簡単な言葉でいうと、ヘルプコールと言います。つまり、困った、わからない、難しい、思いどおりにいかないというときに、手伝ってください、教えてください、聞き逃したのでもう一度言ってくださいなどと、ダイレクトに言えるかどうかです。言えない子ほど、泣く、騒ぐ、逃げる、やらない、物にあたる、隠す、ごまかすなどの好ましくない行動をとるようになります。ここで注意していただきたいのは、困った、わからない、難しいという状況自体を恥ずかしいことだと思っている子が結構いることです。だから、私たち教員は、それは恥ずかしいことではないと思っていなければなりません。

通級による指導や自立活動は、発達につまずきのある子を輝かせるために行われるものです。そのためのポイントその1は、「援助要求スキルを教えることで、問題行動を減らそう」です。ただし、通級でどんなにスキルを高めても、在籍学級での居場所を失わせては意味がありません。当然、両者の連携が不可欠です。

そう考えると、「わかる人?」と挙手を促す進め方には問題点があるのではないでしょうか。

例えば、いつ（何番目に）指名されるのかわからないので、待てない子は私語をしたり、離席することもあるでしょう。わかっているのに指名されないことが続くと、悔しさばかりを感じる時間になるかもしれません。それから、わからないと感じる子は、周囲の子が挙手する場面を見て、劣等意識を持つ場合もあります。そうした時間は、教室の中で居場所を失い、考えることを放棄することにもつながります。一番深刻なのはここですよね。

かといって、逆に授業の中で「わからない人？」と聞かれても、手を挙げるのは勇気がいることです。だから、様々な言葉がけの引き出しを増やすことが必要だと思います。例えば、「正直いうとピンと来ない人、手を挙げて」とか、「もっと考えるヒントが欲しい人？」でもいいでしょう。私たち自身が引き出しを増やすことと、子どもたちの支援を考えることはセットにしておかなければなりません。

発達につまずきのある子を輝かせるためのポイントその2は、「わかる人？」で進める授業よりも前に、「安心してわからないと言える教室を用意しよう」です。

授業でペアトークやペア活動を行うことがあると思います。他の人のフィルターを通して学ぶことができるなどの効果がある一方で、問題点もあります。ペアの能力差を考えないと、話し合いは深まりません。そのときは質問の難易度で調整します。それから、互いの意見は尊重されるという安心感のあるクラスでなければ、話し合いが成立しないことがあります。このときは、学級経営とセットで考えるようにします。

特別支援教育は、それだけを単独でやればいいというものではありません。学級経営と授業づくりと特別支援教育は、どこかで連続しているという発想が必要です。学級経営はうまくいっていないのに、特別支援教育だけがうまくいっているということは、まずありえません。ポイントその3は、「子どもを変えようとするよりも、授業を変えよう」です。

さて、通級での自立活動の話にいく前に、特別支援教育について、小学校・中学校の学習指導要領がどのように改訂（2017年3月告示）されたかを紹介します。「学習上の困難に応じた指導内容や指導方法の工夫を各教科で行うこと」が解説に盛り込まれました。これまでは「障害別の配慮」について書かれていたものが、今は「困難さの状態に対する配慮」を考えようという時代になりました。例えば、文章を目で追いながら音読することが困難な場合、これは学習障害、限局性学習症だけでなく、弱視の子も入りますし、肢体不自由があって目の動かし方が困難であるとか、教科書を押さえておくことが難しいという子も入ってくると思います。それから構音障害のある子も音読そのものが苦手だということがあります。

大事なのは困難さの状態にアプローチするということです。困難さの状態のことを、あるいは、困難さの状態に対応しようというときに、出てくるその子の求めているものを、「教育的ニーズ」とか、「支援ニーズ」というふうに呼びます。

では、実際にどんなふうに書かれているか。最近トピックスとなりやすい、発達性協調運動障害・発達性協調運動症を取り上げてみます。いわゆる不器用な子です。例えば、粗大運動のつまずきは、ボールを投げる、蹴るがぎこちない。よく物や人にぶつかるなどです。微細運動でいえば、はさみやコンパスの操作が不器用であるとか、靴紐を結ぶのに時間がかかるなどです。構成行為でいうと、スキップや縄跳びが苦手。逆上がりがなかなかできないなどです。

体育科の解説編には、以下のように書かれています。一文が長いので、整理するために、私が番号を振りました。

①複雑な動きをしたり、バランスを取ったりすることに困難がある場合には、②極度の不器用さや動きを組み立てることへの苦手さがあることが考えられることから、③動きを細分化して指導したり、適切に補助しながら行ったりするなどの配慮をする。

①＝「困難さの状態」が最初に書かれています。複雑な動きをしたり、バランスを取ったりすることに困難があるか。次に、②＝「工夫・配慮の意図」がでてきます。極度の不器用さや動きを組み立てることに苦手さがあることが考えられることから、③＝「手立て」です。ここでは二つ例示されています。動きを細分化して指導する、それから、適切に動きを補助しながら行うとあります。

不器用な状態に追い込まれると、考えながらでないと動けなくなります。これをストレス過多の状態と表現します。表面的には、見ただけでやろうとしない、予防線を張る、暴れる、パニックになるという子もいます。行動の出し方よりも、そのつまずきの背景を読み解くと、ここに行き着くということがわかると思います。

つまり、うまくいかない子の気持ちになって、どんな支援ニーズがあるかを考えることが必要になるわけです。発達につまずきのある子を輝かせるためのポイントその4は、「当事者視点を大切にしよう」です。

ここからは、アプローチの方向性から考えていきます。在籍学級は、長所や頑張りに目を向け、問題のない部分を大きくするアプローチなのに対して、通級指導及び自立活動は、課題のある部分を小さくするアプローチです。課題を小さくするアプローチは、以下の3条件が成立しないと効果を発揮しません。①苦手を克服するための時間の確保　②つまずきの背景を読み解くこと　③無理なく継続的に取り組めること。通級指導でなければならない理由は、このためです。

アプローチをする際には、発達のつまずきをプロファイリングするという発想が必要です。集まっている情報から科学的に分析をして、こうではないかと推理します。これを仮説立てと言います。正解は一つもありません。これで正しいだろうか、よりよいことはないのか、そんなことを考えながら仮説立てをしていきます。

先ほどの不器用な子たちの背景をもう少し探ってみることにしましょう。表面的な姿から学びにくさの背景要因を探るのです。ここから自立活動の話に入っていきます。

授業中、姿勢が大きく崩れやすい子がいます。不器用なタイプの子は、姿勢の保持、人との距離感、力の入れ加減や抜き加減、こういったことにつまずきがあることが多いです。だから、机に突っ伏して動かない、姿勢が崩れやすい、靴を脱いでしまう、ロッキング（椅子傾け遊び）などの行動が表れやすいのです。背景要因を知らないと、意欲が乏しい、やる気がない、態度が悪い、自覚が足りないなどのような姿に見えてしまうことがあります。

しかし、背景要因を知っていれば、姿勢を保持するには、固有感覚が必要だということが見えてきます。あまり知られていないのですが、固有感覚という感覚があるのです。固有感覚とは、①筋肉の張り具合、②関節の角度についての情報を、脳に伝えるという役割がある感覚です。固有感覚が低反応であることを低緊張と呼びます。低緊張だと、姿勢の保持が難しくなるのです。

姿勢の保持と動きのコントロールは連動しています。一つの姿勢を保持するのが難しいと、動きも大ざっぱになりやすい。不器用だし、行動ががさつ、物の扱い方や人への接し方が乱暴であったりします。それから、だらけているという誤解を受けやすく、相手のペースに折り合いをつけづらいというところもあります。結果的には、自分からの接触には鈍感で、他者からの接触には敏感という特徴を持っている子が多いです。

では、自立活動はどういうふうにしたらいいか。例えば、腕で体重を支える時間をしっかりつくる。そうすると、筋肉の張り具合を維持することになります。それから、体幹をきゅっと締める感覚を維持するようにする。体つくりと非常に近いことを丁寧に繰り返してやります。クマ歩き、アザラシ歩き、クモ歩きなどもいいでしょう。それから、少人数で大根抜きのような活動を行うこともあります。抜かれそうになったときに踏ん張るとか、こういった活動で固有感覚をしっかり鍛えることになります。こういったことは自立活動でないとできませんよね。

通級は最大でも週8時間です。多くは1日、例えば週4時間とか週5時間で終わるということが多いと思います。東京都では、すべての小・中学校に「特別支援教室」という取り出しの場を設置しました。希望者も多いため、通級は週1時間という子が多いです。週1時間の習い事程度ではそんなに変わらないという感覚になるので、「日々やってごらん」と、普段からできることを提案しています。例えば、両足を3センチ浮かせて、数秒キープするというものです。両足を3センチ浮かせると、意外とよい姿勢がキープできます。こんな活動を授業前にちょこっと入れると、いいんじゃないかと思います。

姿勢や運動一つとっても、根っこには固有感覚が関係していることがわかると、その子のつまずきにアプローチしやすくなります。姿勢や運動のつまずきは、感覚面のつまずきだけでなく、脳の認知機能のつまずきが関係していることがあります。例えば、ワーキングメモリの弱さ（何をどう動かすのかわからなくなる）や空間認知の弱さなどです。このように、仮説立てしていくことを大事にしています。発達につまずきのある子を輝かせるポイントその5は、「背景要因を理解して、子どもの価値を高めよう」です。

【質疑応答】

参加者A　そもそも通級による指導は、本当に必要なのでしょうか？

川上　個々のケースによります。通級に行くのは恥ずかしいと思っているのに、無理に誘えば恐らくマイナスに働くでしょう。逆に、本人はやる気があっても、通級に適した先生がいなければ時間がもったいない。通級の場がオアシスになっても駄目です。通級指導教室は練習場であって、在籍学級でその子の能力が発揮できるように応援して、旅立たせる場だと思います。

参加者B　通級指導教室でやっていることを、みんながいる在籍学級の中で行うことはできないのでしょうか。それができれば、その子が頑張っていることを周りの子たちは知ることができるし、その子の学びも大きくなるのではないかと思います。

川上　まず、通級でどんなことをしているのか、知られていないことが私たちの一番の課題だと思っています。在籍学級でやれることも当然あります。みんなの中で「あなたの役割は必要だからね」というふうにやったほうがいいものもあります。しかし、そもそも集団参加が難しい子もいます。例えば、触覚過敏の症状が強い場合は、大勢の人がいるところは極端に苦手で、少人数か一対一でないと学べないのです。だから、みんなでやれることもあるし、やれないこともある。やれる子もいるし、やれない子もいると考えています。

木村　お話を聞いてきて、自立活動というのが、私自身にストンと落ちてこない言葉なんです。自立活動の目的を簡単に言うと何ですか？　川上先生の言葉で、一言でみんなに投げ掛けていただけますか。

川上　一言で言うなら、「その子が輝く」ということです。

木村　自立活動の目的はその子が輝くこと。だけど、すべての子どもが自立活動を受けられるというわけではないという話がありましたよね。

川上　もし本当にこれがすべての子に有効なら、自立活動のような時間が在籍学級にもあったらいいですよね。

木村　そこは柔軟なお考えですよね。ありがとうございます。次、どうぞ。

参加者C　背景要因を理解して、子どもの価値を高めようというお話がありました。私がイメージするのは、他の友達とのつながりや、その子が今、どういう環境にいるかということを考えます。何を背景要因と指すのか、もう少しご説明いただけますか。

川上 実例を挙げて説明しますね。小学校一年生の女の子です。まず、靴や靴下を履けない。こだわりが強く、例えば、長ズボンの上にスカートをはくというこだわりがある。それから授業中、教室に入れるのは限定的で、ほとんどは外で一輪車に乗っています。教室にいるときは、電子黒板にいたずらしたりします。体育の場面では、着替えずに集団の近くまでは行けるけれど、同じ活動はできません。この背景要因をどんなふうに分析しますか。

このタイプのお子さんは、触覚過敏（触覚防衛反応）が見られることが多いです。触覚過敏というのは、歯磨きや爪切り、口の周りを拭かれるとか、そういうことを嫌がります。手をつなごうとすると、走って逃げて行ったりするのも特徴の一つです。

私ならまず背景に触覚防衛があるのではないかと仮説立てをします。検査キットをつけて脳波を見たりして、本当は確定したいけれど、触れられることに過剰反応するので、なかなか難しい。だから状態像を見て、触覚過敏があるかどうかを確認していくしかありません。しかし、私たちにその知識がないと読み取ることはできません。触覚過敏だとわかれば、軽減していく方法はあります。それは通常学級でみんなの前でやるよりは、そもそも集団参加が難しいのだから、個別的な学習になりますけど、取り出しでやりましょうという話になると思います。

それを早い段階、学齢期の初期までにやってあげたい。小学校一年生から三年生ぐらいまでは、脳がすごく変わりやすいので、その段階で軽減できる活動を入れてあげると、その後、集団参加ができ、本人の持っている能力が、しっかりと発揮できるようになる。そういったことをやるのがこの時間になると思います。

木村　川上先生、そういう子、大空小には普通にいるんですよ。たくさんいます。先生の言葉に引っ掛かったところがあって、「電子黒板にいたずらする」とおっしゃいました。教員がそのように捉えていれば、子どもたちもそう思います。私は、その子が電子黒板に興味を持ったというその瞬間は、学びたいという欲求の表れだったんじゃないかと思います。これは川上先生を批判しているわけではありません。教員のほんの一つの表情、一つの言動が、大事なものを一瞬にして壊してしまうことがあるんですよね。彼女がいたずらをしているのか、それとも興味を示しているのか。どんな風に周りの子が見るか。そのきっかけを教員がつくっているのではないかというところは、とても気になりました。

川上　言葉の使い方は厳密にしていく必要ありますよね。特に、「いたずらをしている」という評価をしているのは私たちのほうですから。本人にとっては、すごく主体的な活動である場合もありますよね。

木村　ですよね。

川上 彼女は、自閉スペクトラム症（ＡＳＤ）で、学習障害もある。知的な遅れはない子です。今、高校生になりました。毎年、私のところに訪問してくれています。当時のことを聞くと、本人もいたずらだと思うと、後から言っていました。ただ、そのときはやりたいからやる。触りたいから触る。

木村 そのいたずらというのは、社会がつくっている障壁ですよね。「あれはいたずらだった」と言ったことに対しても、どう深く理解しようとするかという視点が大事じゃないかと思うんです。

川上 いたずらだからやめようという指導をしたわけではありません。彼女には、元々あったワーキングメモリのつまずきを改善して、切り替えることや折り合いを付けることを上手にする活動を、自立活動の時間にやってもらいました。それがなかったら、今でも触りたいものがあれば、何でも触っていたかもしれない。それが許されるような社会であればいいのかもしれません。ブレーキがかかる、あるいは、切り替えが上手になることで、本人が輝くのであれば、それも一つの在り方であると思います。

木村 このワークショップではこれまで、社会に障壁があるから学びにくいという流れできていました。だけど、川上先生は、何でこの個人は困るのか、この子にどうやって力を付けるのか。いわば真逆の軸の講義をしてくださいました。こんな麗しい時間はありません。『えーっ』と思っていることを、みんなが学ぶ。こういう機会でないと、社会は変えられないと思います。ここで今回の学びを、全員が本音で語りましょう。

参加者D 川上先生は、自立活動の目的は、その子が輝くためだとおっしゃいました。でも、その子が何も変わらなくても、その子のままで輝けるような社会をつくっていくことが大切なのではないでしょうか。その子はその子のままであっていい。多様性の中で子どもたちは学ぶのだと思っています。

川上 その子らしさを大事にしたい。ここは、みなさんと共通するところだと思います。でも、「らしくある」と言ったときに、あるがままでは駄目なのではないかというのが、私の主張です。ここは、みなさんとずれるかもしれません。様々な発達のつまずきは看過できません。例えば、触覚過敏が軽減できたら、まず折り合いが付けやすくなる。それから見通しが持てて、参加しやすくなる学びが大いに増えるのです。

木村 特別支援学校にあるものは、地域の学校にはない。地域の学校にあるものは、特別支援学校にはない。この現状の中で、すべての子どもの学習権を守って、子ども同士がつながりやすい社会をつくっていくために、私たちは何をするかが問われています。だから、「みんなの学校」だけが絶対だという思考でいたら、学びはありません。川上先生に教えていただいたこととの間に、どう接点を見つけていくかが大切なのです。

余談ですが、先日、ある小児科医の先生から、「学校の先生は、自閉症の子とよく言うけれど、自閉症の子なんて一人もいない。人との関わりの中で1日のどこかに、自閉症という症状が出るだけなのです」と、教えていただきました。衝撃的でした。今日の川上先生のお話との接点がそこにあると、私自身は学ばせていただきました。

※川上追記／講座で紹介した事例については、あらかじめ本人および保護者にワークショップでの話題提供についての許諾をいただいています。

講座
5

南都　芳子　「みんなの学校」の合理的配慮

【プロフィール】
なんと・よしこ。元大空小学校教諭。大空小学校創立２年目から７年間を大空小学校で過ごし、特別支援教育コーディネーターとして、その時々で一番困っている子どもに関わる。「みんなの先生」という信念のもと、学年・学級に関係なく、すべての子どもと向き合い、保護者の良き相談相手でもあった。

南都　このワークショップで私ができることは、自分が子どもと過ごしてきた事実をそのままお伝えすることしかありません。

最初に、私がなぜ支援担当になろうと思ったのか、その原点となる出来事からお話しさせていただきます。２校目に勤務した学校で、１年間だけ養護学級（特別支援学級）を担任させていただきました。そこに重度の自閉症の子がいました。お母さんともコミュニケーションを取りながら、いろんな関わりをしていった結果、だんだん落ち着いて教室にいる時間も長くなっていきました。しかし、ある日曜日、その子は一人で家を出て、列車の事故で亡くなってしまいます。

その子は線路の枕木をとんとん歩くのが楽しくて、夢中で歩いていて列車事故に遭いました。家を出たのはお昼で、家から線路のある所までは遠かった――途中で何人もの大人に出会っていたはずなのに、その子は誰からも声をかけられることがありませんでした。学校の中でこんなに成長したとみんなで喜んでいたのに、一歩外に出たらこういうことも起こり得る。どんなに一生懸命関わっても、学校だけではあかんのやと思いました。

次に異動した学校では、親とのコミュニケーション不足が一因となって学校に行けない子がいました。そのとき、子どもだけ見てもあかん。保護者も地域も含めて、みんなで関わって多面的に捉えないと、一人の子どもの命さえ守れないということがわかったのです。

大空小学校では、特別支援教育コーディネーターというすごい肩書をもらっていましたけど、入学式などで初めて会う子どもや親には必ず、「先生は、みんなの先生だから」と言っていました。だから、子どもたちは私のことを「みんなの先生」というふうに認識していたと思います。学年や学級にかかわらず、どの子も1回は支援したのではないでしょうか。子ども本人ではなく、お母さんとたくさんコミュニケーションを取ったとか、関わり方はいろいろでした。とはいえ、インクルーシブ教育について考えたことなんてありません。その日その日に、子どもたちと精いっぱい向き合うことしかなかったんですね。

私にできることは、具体的な子どもの姿で伝えることだけかな、と思いますのでそうします。大空小に、中国から突然転校してきた子（S君）がいました。先に日本に来ていたお父さんとお母さんのもとで生活することになったのです。S君が初めて登校してきたとき、校門の前で泣くというか暴れるというか、ものすごい叫び声を上げました。お母さんは私たちに気を遣ったのかもしれませんが、その場でS君を叩きました。半端な叩き方ではありませんでした。それでも、S君は「行きたくない、帰りたい」と一生懸命言い続けます。私たち、中国語は理解できませんが、なぜか、そのときはわかりました。

今日支援が必要な子どもは朝の時点で、S君と決まりました。日本に来たことが不安で仕方がない。初めての環境の中に行くことが不安で泣いているのです。次にすることは、みんな（全教職員）でこの状況を共通理解することです。私は1時間目に別のクラスに行くことになっていましたが、大空小ではそのクラスの先生に「ごめん。ちょっとこんなんやからここへ行きます」と伝えるだけで、「うん、いいよ」となるんですね。そのクラスの先生は、そのとき絶対にしんどかったと思います。

四苦八苦しながらS君に関わって、ようやく少し学校に慣れてきたので、日本語指導をどうしようかを考えられるようになりました。S君は中国で二年生を終えて、大空小の二年生に転入してきたので、算数についてはみんなより先に進んでいました。算数は数字なので、言葉は通じなくてもわかるわけです。そのことに気が付いたので、「計算が苦手な子は、S君に教えてもらい」と言ってみました。担任も電子辞書を持ちながらS君に関わっているような状況でしたから、もちろん日本語はまったく通じません。それでも、S君の周りに子どもたちが集まっていって、日本語で何やら話をしている。やっぱり、友達からの言葉が一番覚えは早いんです。じつは、S君と最初に友達になったのは、言葉がなかなか出てこない子でした。お互いにしゃべるわけではなかったのです。安心した表情で一緒にいるようになりました。友達が増えていき、みんながS君と関わるようになったのを見て、私の役目はここで終わり、担任だけで十分ということでこのクラスから引き上げていきました。その加減を見極めるのが、一番難しかったと思います。

日本語のわからない外国籍の子がいたら、すぐに日本語指導のできる人が来てくれればいいですけど、その前に自分ができることも絶対にあるはずです。今ならスマホなどを使って、いっぱいできることがあるはずですから、できることをやろうって思います。

このS君のときもそうでしたけど、大空小では、子どもの状態、その時々の状況をみんなで共通理解することを大事にしました。子どもの学びの出発は朝ですから、朝に教職員がその日の子どもの状況を理解しておくことが必要です。そのため、職員朝会がすごく長くなることもありました。1時間目の授業が5分遅れたとしても、その5分以上のものは、子どもにも教職員にも返っていたのではないかと思っています。その日のことは、その日に必ず解決して帰してやろうというのが、みんなの合言葉のようになっていました。

映画『みんなの学校』には、修学旅行の場面が出てきます。みんなとてもいい表情をしています。この子らが新幹線に乗って、広島まで行ったんやと思うと、今でも涙が出そうになります。

当時、六年生に重度の自閉症の子が二人いました。二人は、自分の荷物をずっと持ち続けることが難しいんですね。修学旅行は6年間のまとめの学びの場なのに、安易に宅配便で送って教員も子どもも楽をするのは違うという意見になりました。やっぱり全部子どもに持たせたい。自分が持てる荷物は自分たちで持たせたい。「そのためにはどうしたらいいんだろう？」という話し合いを前日の夜遅くまでしました。最大の障壁は、新幹線の駅まで朝の混雑する地下鉄に乗らなければならないことです。周りの目が厳しいなかで、大きな修学旅行の荷物を持って乗るにはどうしたらいいのか。みなさん、どうしたと思いますか？

木村　当時はそんな言葉を使ったことも、知識もなかったけれど、結果的に「合理的配慮」をしたのです。さぁ、みなさん、いかがですか？

参加者Ａ　荷物係をつくって、子どもたちが順番に持った。

木村　子どもたちにそう言えば、「俺らが持てばいいんちゃう？」と普通に言うと思います。でも、しんどいときには、「自分の荷物も持たないで、こいつ嫌なヤツやな」って思うかもしれない。そういう失敗体験はさせてはいけないという話になりました。

参加者Ｂ　地下鉄の区間だけ、大人が持ったのでは？

南都　違います。大人が持つのが一番楽ですよね。でも、それでいいのでしょうか。
　朝の地下鉄は混んでいて、大空小の子どもたちが乗車する駅からはもう座ることはできないんですね。そこで、修学旅行に行かない先生が、その路線の始発駅から乗車して座席を確保しました。そして大空小の子どもたちが乗ってきたら、二人に席を譲り、二人は膝の上に自分の荷物を置いたんです。二人がある程度自分で荷物を持つという意識を持てて、かつ他の乗客から文句が出にくい方法は、そのときの私たちにはこれしかありませんでした。きっと一人では思いつかなかっただろうし、みんなで知恵を出し合った結果です。

木村　地下鉄の始発の駅から乗車して座席を確保しろというのは、校長が勤務時間外の仕事を命じたわけで、パワハラだと言われかねないですよね。そうならずに、今回のように、動けるチームをつくるにはどうしたらよいのでしょうか。

南都　みんな基本は子ども。子どもを中心に考えた意見や提案より勝るものがあればいいけど、やはりそんなものはありませんよね。

木村　大空小にボランティアで来た後、新採用になり、大空小で6年間勤めて、他の学校に行った人がここにいます。大空小と今の学校の職員室も経験して、いろいろ感じていることをしゃべってくれると思います。

参加者C　子どものことを一番に考えていると、自然とチームになります。新卒で大空小に入ったときは、「なぜだろう」とか、「自分はこう思うのに」ということがありました。でも、それは今考えると、自分がこうしたいという大人側の都合から感じた違和感でした。先輩たちはいつも、その子が今どういう状態でどうしたらいいのかだけを考えていました。

今の学校ももちろん子どものことを一番に考えていますが、どこかに「うまいことといかせたい」とか、利己的な考えのようなものが含まれているような感じがしています。

木村　みなさんの学校の職員室の空気ってどうですか？　今の日本の学校は、職員同士が差別し合って、職員室の中には目に見えない確執やいじめのようなものが少なからずあると思うんです。差別し合って、閉鎖的になっている大人たちが、子どもの前で授業する。そんな大人がつくりだす空気の中で、インクルーシブな学びをつくれだなんて、無理な話ですよね。となると、今この時点の私たちの学びのなかで、このハードルをどう越えていくのかについて、グループワークしましょう。

【各班の発表抜粋】

- 一人の子どもについての具体的なエピソードを、全教職員が共有している。
- 教員同士が失敗を語り合うと、やり直しができて、フォローし合える。
- 職員室の座席を縦割り（学年ごと）にしない。
- 学級のことは担任に任せるのではなく、全教職員で全校児童を見るようにする。
- 最後は責任を負うと言ってくれる校長の存在は大きい。
- 「チーム学校」という理念が先に立てば立つほど、チームにならなくなる。専門性が際立つため、互いに侵犯してはならないという暗黙の了解が出てしまう。
- 自分一人で考えるのは無理だと素直に認める。自分一人で考え、うまくいっても、それは広がらない。

木村　ありがとうございました。いろいろな意見を出していただきました。

こういう議論をしていると、「それは小さい学校だからできるんだ」と言う人がいます。先生も少ないからまとまりやすいし、共通認識しやすいのだろうと。私は、そんなことないと思うんですね。大きい学校であればもっと豊かにできるはずなんです。それだけ多くの大人がいる。しんどいと思っている子どもの周りには、小さい学校よりも多くの友達がいるわけです。だから、学校の規模を言い訳にしてはいけないと思います。

南都　チームをつくることが目的ではないのだから、一人より二人で考えるほうがいいし、二人よりは三人のほうがいいはずです。だけど、多くなればいろんな意見が出るし、大変になります。木村校長とけんかしたこともありました。いつも自分の意見をみんなが認めてくれたわけでもないし、いつもチーム力が良かったというわけでもありませんよ。

木村　今ちょっと思い出したことがあります。大空の六年生は、全員がリーダーになります。外部の人が来たら、リーダーたちは自分がつくる自分の学校についてプレゼンするんです。ある日、映画にも出てきたセイシロウ（大空小に来る前の学校では特別支援学級に通っていた）が、外部の方を連れて学校を案内しながらプレゼンしていたとき、「ここが職員室です。学校中で一番散らかっている部屋です」と言いながらやってきました。そのとき職員室にいたのは私と養護教諭で、お茶を飲みながらお菓子を食べていたので、職員室を案内するセイシロウは、「ここは見ないでください」と言って、私らの後ろを通り抜けました。そして、「大空の子どもたちは、職員室が一番安心できる場所です」と、言ったんです。その方が「えーっ？　おっちゃんなんか、職員室に行くの嫌やったで」と言うと、セイシロウがきょとんとしながら、「どうしてなんですか？」と斬新な質問をしました。その方が「職員室は怒られに来るとこやったから」と答えると、今度はセイシロウが「えっ？」と驚いた顔をしていました。そこでその人が「なぜ大空の子どもたちは、職員室が一番安心できる場所なの？」って聞き返したら、「だってね、どんなことがあっても、職員室に来れば何とかなる。これが職員室です」ってセイシロウは答えました。次に「どうして職員室に来たら何とかなるの？　なぜ安心するの？」と聞かれたときには、「だってこの職員室には、いつも大空の大人がいます」と、見事に一言で答えたんですね。子どもにとって大空の大人というのは、教員であり、職員であり、友達のかあちゃんであり、地域住民です。いつも誰かしら安心できる大人がいる、だから職員室にさえ来れば何とかなる。こういう職員室をどうやったらつくれるかみたいなところにも、ヒントがあるかもしれないですね。

ちょっと話が長くなりました。ここで二つ目のワークをしましょう。
インクルージョンな学びの場を進めていて、一人の保護者に出会いました。この保護者の子どもには障害があります。この保護者が、例えば、映画『みんなの学校』を見て、「この状況はインクルーシブではありません。障害のある子どもたちは排除はされていないけれど、ただ同じ教室にいるだけの存在になっているように感じます。定型発達の子どもたちが学ぶための手段になっているのではないでしょうか。先生方はうちの子どもにどんな力を付けてくれるのですか?」。皆さんはこの保護者に対して、どう返しますか。

【各班の発表抜粋】

- なぜこのように考えるのか、まずはこの保護者と丁寧に話し合う必要がある。どんな力を想定しているのかを問い返し、こちらは子どもの事実を話すことが大切。
- 周りを活用していく力やコミュニケーション能力は、フル・インクルーシブの中でしか付かないのではないか。
- 「共にいる」ことが重要。地域の学校とは地域社会そのものなのだから、そもそもそこから排除されるのはおかしい。
- 大人と関わっているより、子ども同士でいるほうが信頼関係を持っていることが多い。例えば、言葉を出すのが苦手な子が、子ども同士だといきいきと話していることがある。その子自身もちゃんと話せることで自信を獲得できているように感じられる。

- 個人の学びは人と比べるものではない。教室でみんなと同じ学びをしていないからといって、その子が何も学んでいないということではない。その子なりの学びがある。
- 同世代の子どもだからこそ、その子にあった学習方法を見つけ出せるのではないか。
- マアちゃん（映画にも出てくる、知的障害のある子）と関わってきて、前と同じような動きであっても、相手を意識した動きが出てきたことがわかった。
- 通常の学級で学ぶことによって、大人（主に母親）に頼るのではなくて、人に頼る力が付くと思う。親が死んだら、その子は誰かに頼らなければいけないわけだから、通常の学級で多くの人と接することは、卒業後の生きやすさにもつながるはず。
- 特別支援学校等の「別学」で学べば、保護者は「うちの子だけじゃない」という安心感を得られる一方で、「うちの子はあの子よりも障害が軽い」と差別意識を持つなど、分断につながりかねない。
- 特性を持った子の存在を周りに理解してもらうことが、その子自身の生きやすさにもつながるのではないか。

木村　これまでに小国先生の講座、前川喜平さんのお話を聞いて、憲法に基づいて、目の前の一人の子どもの尊厳が大切にされているかどうかというところが、インクルーシブ教育なのだと学びました。しかし、そこに目が行かず、自分の子どもと周りの子を比較して、「うちの子かわいそうやろ。だからうちの子にもっとスキルを付けて」という、こういう人がもし学校に来たら、私たちはどうするか。それはその人とどれだけ対話できるかです。そう考えると、私たちの仕事は、どうインクルージョンをつくるかという以前に、そういう人とどう信頼関係を築いていけるかが、足元なんだと痛感しました。

じつは障害のある子がみんなと一緒にいて、この子にどんなスキルが付くのだろうということは、大空小がスタートして2~3年目のとき、毎日悩み考えてきたことでした。そういうときに、私たちが誰の話を聞いたかというと、マアちゃんの母親の声を聞きました。「学校へ来てよ。私らこんなことしかできひんけど、これってマアちゃんにとって、教室におるだけか？　マアちゃんにとって何が大事なんやろう？」と。

そのときに、マアちゃんの母が私に、「校長先生、何も考えんで、悩まんといて。余計面倒くさくなるから。うちの子は嫌やったら逃げる。嫌じゃないから、みんなの中にいてる。うちの子にとっては、ものすごい力なんですよ」と言いました。その言葉を聞いて、「一緒にいることが大事。もうそれだけでいいから、何も考えんとやろうな」って、教職員に言い切った覚えがあるんです。

南都　子どものためにどうするか。私たちの仕事はそれ以外何もありません。だから、目の前の子どもをしっかり見てほしいと思います。ただ、あまり真剣に考えすぎると、しんどいですよ。ご自分がしんどくならないようにしてください。

木村　子どものために動く、これはしんどい。自分が学べる、これは楽しい。だから、学びは楽しいっていうことだと思います。

これで第2回のワークショップが終わりました。明日から、自分がどんな行動をしたかを振り返ってください。評価はありません。それを基に、第3回を迎えましょう。

小国　このワークショップは、多様な人々が共に生きる社会をつくる原点としての学校を、どうつくっていくかを考え直す場であり、今の時勢に対する抵抗運動なのだということを改めて確認できました。今日の議論（この日は小国教授の講座、前川氏講演、南都先生の講座が行われた）を聞いてきて感じたのは、目の前の子どもに何ができるのかということと、制度として本来何をすべきなのかという本質的な議論は分けなくてはいけないということ。この二つを混同するから、インクルーシブな社会、教育はできないという悲観論に陥ってしまうのだと思います。

【講座を終えて、参加者の声】

参加者Ａ　南都先生のお話の中で、「すべての子どもの支援をしてきた、どの子も1回は支援した」という言葉が、すごく印象に残っています。それは、すべての子どもがその日の中で一番しんどかったことがあった、それぞれの子どもに支援が必要なときがあったということだからです。でも、インクルーシブや特別支援という言葉が先行していくと、そういう視点が失われがちになると感じます。

星加　やっぱりインクルーシブ教育の話を、学校の問題や障害児教育の問題に矮小化しては絶対にいけないというのを改めて感じたところです。社会の仕組み全体をどうインクルーシブなものにするか、そうしたインクルーシブな社会をつくっていくための、一つの手段として、学校とか教育というものを捉えておかなければならない。

自分の足元はどうだろうと見たときに、ここは大学という教育機関で、しかも教育学部という所ですよね。そう考えると、ここはみんなの大学であると思うし、みんなの教育学部であってもいいと思いますけど、そういうものになっているでしょうか。私たちは、学生や大学院生、他の教員が抱えている問題をシェアしながら、やっているでしょうか。自分自身の問題として捉えるという意味でも、どういう形で向き合えているかといったことを考えることも必要なんじゃないかと思います。

【第四章】

インクルーシブな社会をどう実現するか

川村敏明（浦河ひがし町診療所院長／精神科医）with **伊藤恵里子**（ソーシャルワーカー）& **塚田千鶴子**（看護師長）

講座6

川村 敏明 「応援型アプローチ」の重要性

【プロフィール】
かわむら・としあき。1949年北海道森町生まれ。札幌医科大学卒業。浦河赤十字病院勤務等を経て、2014年に浦河ひがし町診療所を開業。地域に根差した精神科医療を目指している。べてるの家（北海道浦河町にある精神障害等を抱えた当事者の地域活動拠点）にも携わってきた。

川村　北海道の浦河町は襟裳岬から約50キロ、札幌からは約180キロに位置する、非常にアクセスのよくないところで、永遠に発展しない地域だろうと思っています（笑）。私は約40年前からこの浦河町で精神科医療の世界を見てきました。その中で、私が気付いたこと、学んだこと、あるいは地域の変化について、お話しさせていただきます。

私たちは、統合失調症やアルコール依存症の人たち、あるいはそのご家族に対して、治療という名のもとに活動してきました。私は医者になりたての頃、治療に熱心に取り組むいい先生でした。しかし、治療すればするほど、治療って何だろう、治すって何だろうという、自分への問い掛けが増えていきました。アルコール依存症の人たちは、「先生みたいな先生は今までいなかった。すごく面倒見がいい」と心から感謝して、2、3分後にはもうお酒を飲んでいるんです。

医者になって4年目に、札幌のアルコール専門病棟に移りました。そこでは、決められた治療プログラムのもと、スタッフが分担しながら治療にあたります。私の役割も限定されているため、田舎の病院で一人で一生懸命やっていた頃に比べて、物足りなさを感じるほどでした。しかし、私が担当する患者さんの中に、酒をやめる人が出てきたのです。驚きました。治療に熱心に取り組んでいたときは、回復率0％、飲酒率100％でしたから。

医者が頑張るから、私が一生懸命になるからといって、患者が良くなるわけではない。

精神科医には特別なことはできない。だから、患者さんから良く思われようとして力が入ります。でも、医者がいい人になってしまっては駄目なんですね。患者さんが良くなる、治療が成功するというのは、患者さん自身が、自分の思いや気持ちをしっかり語ること。これを「弱さの情報公開」と言いますけど、例えば、不安なときに不安と言えるか。そういうことが、自分の問題と付き合っていくうえでとても大事です。

それなのに、医者は病気ばかりに目を向けて、そこを解決したくなる。だから、患者さんの駄目なところばかりを探す。精神科医はそれではうまくいきません。大切なのは、患者さんが自分への問いかけを行うことです。これから社会に出ていくというときに、どんな問題が待ち構えているのかを問いかける。あるいは、そういう問題を共有する仲間や、話せる場が必要なのに、30年前は何もありませんでした。

だから、私たちは「三度の飯よりミーティング」を合言葉に、患者さんが医者や他の患者を前に、自分の弱さや問題を語る場をたくさんつくってきました。立派なことを語るのではなく、自分の失敗談や経験談を語ります。医者に丸投げせずに、自分が自分の問題のプロになるのです。私たちのミーティングでは、みんなが大笑いします。精神病の人たちがこんなに楽しげに語っていることを、世間は理解できないのでしょうね。「あそこは病人のことを笑ってけしからん」とお叱りを受けることもあります。でも、他人の失敗は面白いわけだから、聞いている人たちは大にぎわい。一人が話して、「誰か似たような経験ある人いない？」と言うと、次々に手が挙がります。患者さん同士の中で人気のある人は、自分の症状や問題や失敗をきちんと語ることができ、問題への対処能力も開発していて、それを仲間と一緒に共有できる人。ちょっとしたステータスなのです（笑）。

最初の頃は、医者に本当のことを言ったら、薬が増える、退院も延ばされるから、本当のことなんて言えないという雰囲気でした。ミーティングを続けるうちに、医者の前で本当のことを言っても大丈夫という空気に変わっていきました。そういう文化が20数年前から形になっていきました。年に1回「べてるまつり」を開催していますが、その中の一つの催しに「幻覚妄想大会」というものがあります。文化会館の大ホールが全国から来たお客さんでいっぱいになります。そのお客さんを前に、当事者活動として、患者さんが自分のことを話します。精神病になって大きな拍手をもらうのです。

そういうことを続けていたら、以前勤めていた浦河赤十字病院の精神科のベッド数は2001年に130から60に、2014年にはゼロになりました。町から精神病棟がなくなるということで大反対が起こり、「精神障害者を野放しにしている」という偏見もありました。でも、私たち精神科医も治療において偏見差別と考えてもいいようなことをしていたわけです。過重に心配し、過重に問題ばかりを取り上げ、過重に治療したくなるから、いつも管理できるよう入院させていた。今は当事者抜きの治療なんて考えられません。
様々な苦労を抱える人の回復とは、安心が増えることで、人と人とのつながりができて実現するもの。それは、一病院の治療や一機関の専門的援助によるものではありません。だから、私たちは問題解決型アプローチではなく、当事者の能力・魅力・可能性を発掘するような「応援型アプローチ」を大切にしています。

伊藤　患者さんが自分自身を語るミーティングは、様々な形に発展しています。例えば、浦河町で児童虐待の問題が起きると、すぐに「応援ミーティング」が開かれます。このミーティングは、行き詰まりに強い連携づくり、当事者も支援者も安心できるネットワークを目指しました。
当事者である子どもや家族を中心に、保健所、児童相談所、教育委員会、学校、幼稚園等の関係者が集まります。当事者が参加するのが特徴です。このミーティング中、参加者の笑顔が絶えません。なぜ笑顔かというと、みんなが弱さを話す場所だからです。注意や指導をする場ではなく、当事者の声に耳を傾けて、みんなで一緒に考えます。そして、当事者だけでなく、支援者も自分の弱さを語ります。支援者が自分の在り様を考える場にもなっているんですね。みんなが自分たちの無力、弱さを理解したうえで、できることを持ち寄る。これを継続的に行うのです。

川村　私たちの活動のなかでは、ユーモア、笑いは大きな意義を持っています。そして、当事者を交えて行う応援ミーティング方式は、浦河だけでなく、札幌などの地域でも浸透してきています。私は、2、3年後には全国に行き渡るんじゃないかと予測しています。なぜなら、いろいろな会議に出ますけど、本人抜きで語り合うことの無意味さを痛感しているからです。一番困っている人たちが出席していない会議はうまくいかない場合が多いですね。

【参加者との対話】

参加者A　川村先生のお話を聞いていて、僕たち教員と重なることが多いと感じました。川村先生が患者さんから学んだように、僕たちは子どもたちからもっと学ばなければならないと思いました。

川村　私も映画『みんなの学校』を見て、医療と教育という違いはあるけれど、共通点は多いと感じました。大空小学校の実践は、私たちがやっている応援ミーティングと似ていると思ったんです。問題を抱える子どももちゃんと仲間の中にあって、当事者と一緒にみんなが考えているところは同じだなぁと。

それと、印象に残ったのは、職員室で先生たちがいつも笑っているところ。こんな学校、きっと、少ないでしょう。一緒に笑っているんだから、きっと、孤立している人はいない。

誰もが守られている。だから、問題はシェアし合って、みんなで考えることができるのだと思います。映画を見ながら、大空小学校や地域に守られていた子どもが卒業したらどうするのだろうと考えました。私たちにも同じようなことがあるんです。精神病の患者さんが子どもを産むと、育てられるわけがないからと、子どもは施設に入る。親子は分離して、母親の病状は悪化してというふうに、大体はマイナスのシナリオが進行します。それでは駄目だと、私たちは今、統合失調症の患者さんが産んだ子どもを地域で育てています。その子は1歳2か月になりました。みんながその子に元気付けられながら活動しています。

木村 川村先生は、患者さんがお産みになったお子さんの里親をされています。その話を聞いて、「（映画にも出てくる）カズキの里親を誰かしてくれないか？」と言われても、私は「やります」とは言えなかった、これが自分なんやと思いました。

川村 僕の5番目、6番目の子はもともと実子ではありません。5番目の子どもはもう23歳になりますけど、べてるの家のメンバーが妊娠したときに、本人を交えたミーティングが行われて、本人が産みたいと言っていて、周りも賛成して、出産することが決まりました。ところで、誰が育てるのかという話になったとき、「子どもが4人もいて、子育てに慣れているから、（川村）先生がいい」という話になったそうです。うちの奥さんに話したら、「ふーん」ってそれだけ。当時中学二年生だった長男が、「本当のお母さんが育てたほうがいいんじゃないの」と、真っ当なことを言いました。だから、「そうだけど、お母さんが育てられないから、うちで育てながらお母さんに練習に来てもらって、それで子育てをしていくんだよ」って言ったら、納得していた。うちの子は4人みんな育児に夢中になりました。赤ちゃんが来ると、みんな成長しますね。子どもたちが一生懸命育児をする、育児する子どもたちを私たちが見守る。こういう二重三重に守られる体制がないと、本当に安心できる子育てなんてできません。結局、特別養子縁組をしましたから、今は実子ですけどね。

参加者B　先日、子ども家庭支援センターや児童相談所の人たちと一緒に、あるケース会議に出席しました。議題は、父親が母親に虐待を続けていて、子どもも学校に来なくなった家庭にどんな対応や支援をするか。母親と子どもは母親の実家に避難しているという状況において、当事者が不在のなかで専門家たちがどんなに話し合っても解決策は出ず、虚《むな》しさだけが残りました。

伊藤　先ほど話に出た、1歳2か月になった赤ちゃんのケースですけど、このお母さんと私たちが出会ったのは、すでに妊娠9か月になっていたころでした。妊婦健診は一度も受けていない、お金はない、食べ物もない。あるのは借金だけでした。関係者だけで集まって会議したときに、やっぱりリスクしか見えません。赤ちゃんは生まれてくるわけだから、誰が責任を取るんだという話になって、苦しい会議になるんですね。ここは基本に立ち返って、当事者がどうしたいかを聞くと、このお母さんは、「子どもを産んで、育てたい」と言ったんです。上にはすでに成人している子どもが2人いて、その子たちは養護施設で育ったのですが、上の子たちと同じようにはしたくない。この子を育てたいと言いました。

よし、じゃあ、みんなで応援しようということで、応援ミーティングを何度も開きました。お金もない、食べ物もないというお母さんの今の状況を真ん中に置いて、生まれてくる子どもとお母さんが安心できるためにどうしていくかという話を、本人も一緒に話し合うんです。責任は誰が取るのかという議論になってしまうと会議は行き詰まると思います。そこはみんなでやっているわけだから、支援者がそれぞれ自分にできることを話していくと、段々空気が変わります。最初「責任の所在は?」と顔が曇っていた役場の人の表情も明るくなり、お母さんはみんなに応援されていることがわかって、どんどん表情が豊かになっていきました。こうやって当事者の変化を支援者がみんなで分かち合っていること、それと支援者が安心できるということもポイントではないかと思います。

川村 お母さんは、精神病の薬を飲んでいませんでした。私は「子どものことを考えたら、えらいぞ」と、そのことを褒めました、そして、その日のうちに食料を届けました。「みんながあなたにこの食料を持って行けと言うから持ってきた。ちゃんと栄養を取って、おなかの赤ちゃんにあげてと、みんな言っていたぞ」と伝えました。それで、また食料を届けて、次にしたのは、引っ越しの準備。お母さんは私たちの隣町に住んでいたので、私たちチームと一緒に子育てがやりやすい体制を整えたのです。すごいのは、その子、引っ越ししたその日に生まれたんです。今も忘れませんね。

その子を迎えることについて、私たちは何も力が入っていません。そういう子どもとの出会いは、私たちが決めることではなく、自然な出会いだろうと思っているからです。私たちはプロなので、地域における問題に対しては対処します。対処できるよう普段からトレーニングをしている。ごく自然体で受け止めるだけのトレーニングはしてあります。普段、私たちが蓄えた力を、この親子にも、地域にもちゃんと還元したい。それを自然体でやりたいということが、私たちの基本です。でも、それは訓練されていないと、なかなかできないと思います。みんなが一生懸命考えて、悪い予感がすると相当な準備もする。私たちは常に自分も助けられていると思うから、私自身は凄い先生でなくていいんです。私の役目は何よりも、楽しそうにやっていることです。

参加者C　教頭として大空小に来たとき、私は教頭とはこうあるべき、校長とはこうあるべきというものが頭の中にあって、大空小のやり方をなかなか自然体で受け入れることができませんでした。今は、別の学校で校長をしていて、職員室に笑顔はあるけど、大空小のように、子どもの話でみんなが一つになるという空間をつくれていません。

川村　普通、精神病院の中に笑いはありません。テレビを見て笑うとかはあっても、自分自身をテーマにしたところで、腹の底から笑える世界はどうしたらつくれるのだろうと、ずっと考えてきました。自助グループと言いますけど、退院した患者さんの会、特にアルコール依存症の会に出ると、腹を抱えて笑う患者さんがたくさんいます。誰かが話をすると、聞いている人たちが笑うんですね。なぜかというと、みんな、身に覚えがあるから。

患者さんの回復のプログラムには、①認める、②任せる、③信じるという三つのステップがあります。私はアルコール問題について無力であった。自分の飲酒は異常ということを認めた。無力を認めると、自分ではどうにもならないから、仲間や周りに委ねて任せなきゃならない。認めて任せたら、信じられる力が湧いてきた。この三つのステップが大事なのです。最初はみんな、「認めない、任せられない、信じられない」です。アルコール依存症であることを、みんな隠しますから。だから、正直になることが回復の条件です。ただ、正直になるためには、勇気が必要です。

私はこの患者さんの回復ステップを、自分にも当てはめてやっていました。私は無力だと言うと、患者さんにあまりに申し訳ないので、微力と言っていますけど。私には大したことができない。だから、みんなに場を委ねる。そうしたら、みんながよくやっていることがわかるんです。それまで患者さんの問題しか見えていなかった私が、「あなたはこういう問題を抱えているのに頑張ってきたんだ。大変だったでしょう。一緒に考えてやっていこう」となる。私の力も抜けるし、患者さんの力も抜ける。お互い自然体になるんですね。問題は真ん中に置いて、みんなで口出しして、みんなで支えていく。特別な人や立派な人がいなくても、何とかなるやり方です。「私は治療があんまりうまくない」と言うと、最初は驚くけど、段々本人が考えるようになります。いろいろ聞かれても、「わかんねぇな。先生にだけ相談するのはもう時代遅れだから、みんなに相談しなさい」なんて伝えています。

病気の話ばかりする患者さんには、「幻聴の話でしょ。もう飽きたな。なんかもっと楽しい話ないの」なんて話すこともあります。何度来ても病気の話しかしない人には、話を聞きながら爪を切るんです。そうしているうちに、患者さんたちが「先生に話を聞いてもらうにはどうすればいいか」というミーティングを開いたそうです。「ただ頼んでもだめ。『友達と相談しながら、今こういうふうに取り組んでいる』と話したら、先生は真剣に聞いてくれた」とか、患者さんが仲間にアドバイスをする。私が期待しているのはそこなんです。私は患者さんを信じています。自分の課題と向き合いながら、仲間たちとつながって、地域で様々な活動をしてきた事実があるわけです。私はそういう活動を支援する側にいて、活動の芽を摘むようなことをしていないだろうかと、日々考えています。

参加者D　川村先生たちの活動は、地域で生きていくということを大切にされていますが、学校とはどのようにつながっているのですか？

伊藤　学校の先生たちとは常につながっていて、応援ミーティングの場に担任の先生や養護教諭の先生とか、教育委員会の方にも入ってもらっています。学校の先生が自ら、心配なケースを応援ミーティングの場に持ってくることもあります。やっぱり、連携が取りやすい先生もいれば、難しい先生もいます。難しい校長もいました。学校関係者は、学校の問題を外に持ち出すことに抵抗があるのかなと感じる場面もありますね。

木村　もう少し、学校の難しいところを具体的に教えていただけますか。

川村　もうだいぶ古い話ですけど、不登校をゼロにしようという研究会に呼ばれたことがありました。ある校長先生は、「卒業証書を出さないぞと言えば、親は慌てて学校に行かせます」と得意気に言っていた。そのケースは、親がパチンコにはまっていて、上の子が下の子の面倒を見なきゃいけないから、あまり学校に行けない。担任の先生が何度も家庭訪問するけど、それでも親は子どもを学校によこさない。どうやって脅せば学校によこすのか、そういうノウハウを研究しているようでした。プリントも用意されていて、問題のある指導法などがたくさん書かれていた。最後にコメントを求められたので、こう言いました。「これは何の会でしょうか。教育の場は、もうちょっと教育的であってほしい。このプリントをそのまま、このご家族や本人に見せられるなら成功だと思いますけど、見せられますか。学校に来ていないから教育はできないのですか」。

今はその頃とは雰囲気は変わっています。当時の問題解決は、問題があってはならないという考え方のもとに、いろんなところを抑え込むようなところが少なからずありました。「教育って何だろう？」という本質よりも、場を仕切る、人を動かすことだけが関係者の仕事になってしまうと、本来の目的である子どもを守る役目をしているとは言い難い。

木村 そこを打破する秘策というのは？

川村 そういう場面で、自分たちの思い、感じていることを話すことですね。校長先生を非難するのではなく、私たちが感じたことを話せる場をつくる、そういうことの積み重ねです。「この問題に対して、私たちはこう感じていますよ。この子の場合、こういうことが大事です。ここだけは押さえておきたいですね。それが学校の中にありますか」と話します。

その後は、相手によってはそのまま委ねることもあります。私たちの仕事はけんかすることではありません。厳しいことを伝えつつも、支援的でありたいと思っています。教育委員会の席では、その校長先生は駄目だという言い方はしませんでしたが、「下手ですね」とは言いました。私にとって最大限の厳しい言葉でした。校長先生にそれを理解する感覚はないと思っていましたが、出席している誰かに伝わればいいと思って言いました。

木村　ありがとうございます。

参加者E　少し話が戻るのですが、僕は以前べてるの家を見学させてもらったことがあって、大空小とべてるの家の共通点ということで感じたことをお話しさせてください。映画『みんなの学校』は、すごく笑えるところや優しさがありますけど、同時にしっかりとした厳しさがある。子どもたちが安心していられるようにするために、先生たちが自分自身に課しているものが大きいように見えました。あと、子どもが間違ったことをしたときに、みんなの前で話し合いをしたり、やり直しをしたりします。それで、その子たちがまた安心して教室に戻れるようにしている側面があると思います。みんなが守るべきものとして、たった一つの約束「自分がされていやなことは、人にしない・言わない」が大きな役割を果たしているように感じました。べてるの家も、みんなが地域で安心して暮らせるために、踏み越えてはならない一線のようなものを自分たちに課しているように感じました。その辺りを詳しくお聞きしたいです。

川村　「これだけは守りましょう」というような、はっきりしたものはありません。私の立場で意識しているのは、病気を治さなくても、この人は生きていけるかということ。「あなたは病気のままだけど、やり方が変わるだけでも随分良くなるよ」と言っています。みなさん、病気が治らないと良くならないと思うんですよね。悩みや困り感もすべて病気、うまくいかないところは全部が病気だと思ってしまう。だから障害をもっている人と健常者とに分けることになるけれど、健常者だっていろいろな問題を抱えているわけですよね。

最近、よく患者さんに言うんです。「健常者を見てごらん。病気はないけど、みんな問題を隠しているぞ。あなたは障害と共に生きてきた。その生きにくさをどう克服するかを、常日頃から研究しているプロだ。プロがこれからは活躍できるんだ。障害者を排除する時代ではない」とね。すると、「別に俺、健常者にならなくていいです」とか、言いますね。病名をつけて分けることにはあまり意味がないんでしょうね。どう考えていくか、どうしていくかをみんなで考えようというやり方のほうが、患者さんにとってどれだけ安心感が大きいか。往診に行くのも安心感を届けに行くようなもので、だから、看護師の塚田さんと行くんです。塚田さんと行ったほうが、大きな安心感を届けられるから。

木村 多くの現場の先生たちは、診断名がつくと安心するんです。自分の指導力不足ではないと思えるから。そういう雰囲気が全国の学校現場にはあります。川村先生、「障害とは何ですか？」と聞かれたら、何て答えますか？

川村 「障害とは何か」というときに、私たちは、自らのこととして捉えています。様々な生きにくさや問題を抱えている人たちは、私たちがその人たちについてどう考えるかによって障害者になったり、そうでなくなったりします。障害性の解決だけに目がいっている間は、私たちには何もできません。ただ往診して医者の見解を伝えるだけだとしたら、何の意味があるでしょうか。私は例えば患者さんの家に行って、庭にいろんな種類の花が咲いていたら、「この人は元気なときに花が好きだったんだな」と感じ取って、花の話をして帰ります。やり過ぎないで、邪魔しないで帰ってくるだけです。往診していた患者さんが亡くなっても、私は定期的にそのご家庭を訪問しています。そして畑の野菜をもらって帰ってきます。それが続いていきます。その空気がまた、あちこちに伝わりますね。

塚田　私たちは、田んぼを借りて米作りをしています。その理由は、田んぼがなくても治療はできるけど、あるほうが楽しいからです。昨日は田植えをしました。私たちのメンバー（患者さん）だけでなく、地域の子どもたち、支援者ら80人くらいが集まってくれました。こうした活動が、地域のコミュニティづくりに少しでも役立てば嬉しいですね。

川村　300坪の小さな田んぼです。楽しいから、毎年やっています。収穫した米は3キロ1万円で売っています。北海道で一番高い米です。統合失調症で幻聴がある人たちも一緒に作った米だから、「幻の米」と書いて、「幻米《げんまい》」という名前にしました。

耕作放棄地を借り受けたんです。もう一度田んぼに戻すために土木工事が必要だったけど、地域の協力者が出てきて、かかった費用は全部地主さんが出してくれました。そして、ただで貸してくれています。それでも、地主さんや地域の人たちは、「昔やっていた田んぼをまたやってくれるのが嬉しい」と言ってくれます。そこには百歳のおばあちゃんがいて、稲刈りのときに車椅子で見に来てくれます。それで、収穫した稲を持たせると、昔の記憶がよみがえるのか、反応があるんです。家族の人も喜んでね。

参加者F　学校で今、大きな問題になっているのは発達障害です。LDだとか、ADHDだとか、発達障害の疑いがあるから、診断を受けて、病名をつけてもらえという圧力がありま す。川村先生は、発達障害についてどのようにお考えですか。

川村　発達障害かもしれないから検査してもらってこいと言われた人は、学校だけじゃなく、職場からも随分来ます。職場にうまく馴染《なじ》めない、周りをやきもきさせ、イライラさせる人たちに、すべて発達障害という診断名をつけてしまう傾向が、確かにあります。幸いなことに、私の診療所には検査ができる職員はいません。実際に検査するとなれば、隣のクリニックにいる臨床検査技師の先生にお願いしています。それで一緒に、何かいいところがないかを探して、「あなたにはこういういいところがあるってわかったよ」と伝えます。検査をしても、大きな異常所見や問題所見なんて出てきません。結果をどう使うかが問題なのです。「職場の中でのやりにくさはここで治せるわけではないけど、よければまた話しにおいで」と、私のやっているのはその程度です。誰にでもいろんな生きにくさ、暮らしにくさがある。それに発達障害という言葉をくっつけてしまっているわけですね。

伊藤　浦河では「自己病名」というものをつけます。普通は医者が、統合失調症とか病名をつけるけれど、自分で自分に病名をつけるんです。例えば、次から次へと不安が出てきて止まらない人は、「統合失調症不安先取りタイプ」とか。見通しが立たないことが苦手だったら、「見通しが立たないことにオドオド系タイプ」とか。そっちのほうが、医者がつける病名より自分をよく表しています。自分のことは自分が一番のエキスパートで、似たような苦労を抱えているみんなと一緒に研究して、そしてそれをみんなに紹介していくことが、笑いになって、幻覚妄想大会とかにもつながっているんです。最近は、発達障害といわれる診断名がついている方たちも、当事者研究をやりだしています。

みんな苦労がそれぞれあるわけだから、それを紹介し合っていくというのは当たり前のことだと思います。それで、こういうところに配慮が必要なら、お互いそれを理解し合おうとか、そういうことで社会は成り立っているのではないでしょうか。

川村　自己病名をつけるのも、みんなが聞きやすい空気をつくることの一環です。さきほども話しましたけど、今は患者さんから病気の話をあまり聞かなくなったので楽です。私が毎回「何か面白いことはないの？　次の計画はないの？」と聞くから、そういう話を用意してくるようになるんですね。そうすると、患者さんも楽しいもののほうに意識が向くようになる。これは大きいと思いますよ。いつも不安や問題のことばかりに目を向けているのとでは、日々の積み重ねで相当な違いが出てきます。

木村 川村先生は、何回か「空気」という言葉を使われました。空気をつくる。では、誰がつくるのかといったら、自分。自分がつくるんやなって。でも、空気って見えへんよな。見えない空気はどうやってつくったらいいんやろうって、問い続けていくことが大事だと認識しました。

今までの学校に行けなくて、大空小に転校してきた子。これまでで50人を超えますが、その子たちに「前の学校行ってへんのに、なんで大空に来るん？」って聞くと、ほとんどの子がやっぱり、「空気が違う」って言います。「前の学校の空気はどんな空気？」って聞くと、「刑務所」「牢屋」「監獄」って言うんですね。「あんた、そんなとこ行ったことないのに、刑務所を説明せよ」って言うと、「えっ、檻があって出られへん」と言います。「中で動いたら、動くなと言われる。中で大声を出したら、黙れと言われる、これって刑務所やろ」って言うんです。「じゃあ、大空の空気ってどんな空気」って聞くと、誰一人として「いい」なんて言いません。「普通」、これで終わりなんです。

伊藤 うちの診療所ができたときに、院長にはとにかく空気をつくる役をお願いしました。非常に良い空気をつくってくれています。院長は会議中に時々、寝るんです。そして、起きたかと思えば、嬉しそうに大きな夢というか妄想を語って、大きな声で笑って。

私たちの朝のスタッフミーティングは、自分はこんな仕事をしたいと、夢を語ります。「今度はあそこの山を買って、こんなことをしたい」とか、大盛り上がりです。ケースのことだけを真面目に話しているところには、いい空気は出てこないと思います。

塚田　そのとおりだと思います。私も以前の病院で申し送りといったら、悪いところや問題点ばかりを報告していました。でも、今は先生の夢を聞いて笑ったり、自分の失敗談を話したりしています。毎朝、笑って自分の体調を整えるところから仕事がスタートできています。「あなたはそのままでいい」という、お互いを認め合っている空気の中で働いています。

参加者G　木村先生の空気のつくり方は？

木村　空気は自分がつくるものですね。大空小は、先生の指示、号令、命令は一切やめようと最初に決めました。全部、断捨離したんです。例えば、月曜日の朝、講堂にみんなが集まる。しばらくはざわついていますけど、入場の音楽が止まったら、誰も前にいなくても、子どもたちは自分でこれからの時間の空気をつくります。床に寝っ転がって、「うえー」とやっている子も自分で空気をつくっています。どこにも評価基準はありません。目的は、今からここでみんな一緒に同じ空気を吸おうぜ、みたいに思うことだけです。

開校した年の始業式、集まってきた子どもたちに、ある先生が「はい、気を付け。前へならえ。直れ。休め。気を付け。今から校長先生と朝のごあいさつをします」なんてやっていました。私は自分の当たり前とはあまりに違ったので、ひっくり返りそうになりながら、「私は校長先生どうぞ、なんて言われんでも、自分で出てこられる」と言いました。それから、子どもたちに、「あんたらさ、月曜日の朝、毎回毎回、気を付け、前へならえ。誰としゃべってんの。はい、休めって、こんなことしたい?」って言ったら、変な顔をして私を見ていました。だから、「私らに言われてやりたい? 自分らで空気つくるだけでええんちゃうん? 自分らで空気つくられへん?」って言ったら、「あー、なるほど」という雰囲気になったので、「じゃあさ、やり直ししよう。巻き戻し。もう一回全部です」って言って、一度、子どもたちを講堂から出しました。その後音楽をかけても、誰も入ってこないんです。入ってきなさいという指示がないから。知らん顔して講堂の中で待っていたら、「音楽かかってるよ、入ってきなさい」って教えに行こうとする先生がいるんですね。最初はそういう先生たちに随分嫌われたと思うけれど、「邪魔!」って言いました。子どもたちが、「先生ら、なんで呼べへんの?」って言いに来たから、「なんで呼ぶん? 私が呼ぶん?」って言ったら、「あ、そっか」とか言って、入ってきました。たったその1回だけで、音楽聞こえたら中に入ろうぜという空気を、子どもたちはつくれました。

音楽が止まったら、子どもたちはしばらくワーワーしたあとで最終的に、みんな先生たちを見るんです。「なんで見るん?」って言うと、「なんで先生、誰も前に出えへんの?」

って言うんです。「私たちが前に出て、何をすんの？」って言うと、「気を付け、前へならえやろ」って。「『そんなんしてほしい？』って、さっき、しゃべったやん」って言ったら、「あ、そうか」って言いながら、「ちょっと歪《ゆが》んでるで」とか、「もうちょっとこっちちゃう」とかやりながら、整列しはじめました。「気を付け、前へならえ」等の指示どおりに動く子どもたちは、指示をする教師の顔しか見ません。でも、指示がない中で、みんなで空気をつくろうとする子どもたちは、自分の横の友達が今日はどうやろうって見るんです。「おまえ、青たんあんな」とか。寝転んでいる子を指して、「あの子な、朝、お母ちゃんとけんかして気分悪いから、先生が行ったら、出ていくわ。中におるだけで十分やろ。先生、そばに行ったらあかんで」とか、こういう空気が出てくるんです。

川村　教育の場で起きていることは、私たちの世界ともつながっています。じつは医療の中では、医療改革はできません。だから、私たちもみなさんも、違った分野の中で重なっている部分を見つけていくことが大事だと思います。

小国　専門性を持たないと、教育的関係は始まらないのか。むしろ、あきらめや無力感を認めないと始まらないということを伺えたことは大きかったと思います。それが、インクルーシブ教育を考える原点だと確信しました。また、自分たちの無力感を認めるからこそ、温かい援助になっていくのだとも感じました。

【第五章】

木村泰子によるクロージング・ワークショップ

「みんなの学校」の全体目標をつくろう

木村　みなさんも覚えていると思いますけど、文部科学省 教職課程コアカリキュラム「特別の支援を必要とする幼児、児童及び生徒に対する理解」の全体目標を、自分の言葉で書き替える。つまり、子どもの事実から「みんなの学校」の全体目標をつくること、これがこのワークショップの目的でした。

そこで、オープニング・ワークショップで、コアカリキュラムの中に出てくる「学習活動に参加している実感・達成感」という文言をどう解釈するのか、そのための支援とは何なのか。同じく、「生きる力」とは何なのか、子どもの事実に即した言葉はないのか。「学習上又は生活上の困難」とはどんな困難があって、その困難が生じる要因とは何なのか。「個別の教育的ニーズ」については、大空小に通っていたカズキの個別のニーズとは何かを考えていただきました。最後の「必要な知識や支援方法」というところは、まだワークで話し合っていない部分です。しかし、この4日間のワークショップを通して、みなさん、そのあたりも見えてきているはずだと思います。

これから、みなさんに最後のワークをしていただいて、今日、今の時点における「みんなの学校」の全体目標を各班で一つの形にしたいと考えています。もちろん、それは長い道のりの中間地点ということになると思いますけど、とにかく、一つの形にして発表しましょう。それでは、よろしくお願いします。

【文部科学省　教職課程コアカリキュラム「特別の支援を必要とする幼児、児童及び生徒に対する理解」全体目標】

通常の学級にも在籍している発達障害や軽度知的障害をはじめとする様々な障害等により特別の支援を必要とする幼児、児童及び生徒が授業において学習活動に参加している実感・達成感をもちながら学び、生きる力を身に付けていくことができるよう、幼児、児童及び生徒の学習上又は生活上の困難を理解し、個別の教育的ニーズに対して、他の教員や関係機関と連携しながら組織的に対応していくために必要な知識や支援方法を理解する。

【A班がつくった全体目標】

すべての子どもたちが自分らしく生きるために、すべての教育活動において多様な関わりの中で豊かなつながりを育む。その中で、自分から、自分らしく学べる学校づくりを行う。そして、子どもたちが生きる力（人を大切にする力、自分の考えを持つ力、自分を表現する力、チャレンジする力）を共に高め合うことができるよう、一人一人の困っていることをお互いに理解し合える関係を築くと同時に、学校、保護者、地域でチームを作り、子どもと大人が共に学び合える関係づくりを行う力を養う。

A班発表者による解説

まず、教育の中で最大の目標は何かと考えたときに、「すべての子どもたちが自分らしく生きる」こと。これが最大の目標であるという結論になりました。

そこからスタートして、そのために何が必要か、その手段は何かということを考えていきました。教育活動、学校におけるすべての活動の中で、子どもたちとの多様な関わり、また、先生同士の多様な関わりの中に、豊かなつながりを育んでいく。

その豊かなつながりは何かというと、子どもたち同士が生きる力を共に高め合っていけるような関係をつないでいくこと。また、学校、保護者、地域でチームを作り、協力して、子どもが大人から学び、また、子ども同士が学び、大人が子どもから学び、そういう学び合いの関係づくりを行うことです。

最後にある「力を養う」というのは、少し抽象的だけど、いろいろ悩み議論した結果、この言葉に落ち着きました。知識が必要ならそれを学ぶ必要もあるし、現場を学ぶ必要があるならそこに出ていく必要がある。そういったものを全部ひっくるめて、「力を養う」という言葉で表現しました。

川村敏明先生から教えていただいた、笑いとかユーモアとか、あるいは弱さでつながるみたいなことも入れたかったけれど、どんな言葉にしたらいいのかが難しくて、こんな形になりました。

【B班がつくった全体目標】
様々な背景の中で生きるすべての子どもが、自分らしくみんなと生きていくために、学校のどんな場でも安心して自分らしく学ぶことができるよう、目の前にいる一番しんどい子の、その子ではどうにもならんことに対して、一人でどうにかしようとせず、周りの子どもたちや大人たちと一緒にその子から学び、その子を変えるわけではなく自分が変わる。

B班発表者による解説

私たちが一番大事にしたのは、「様々な」と「すべての」という部分です。「すべての」に込めた思いは、「特別支援」という言葉自体を一般の人にも使われる言葉にしなければならないという思いが一点。また、現状で特別支援というと、障害児教育が意識されがちだけれど、そうではなく、公教育が責任を負うべき対象はすべての子どもであるということを改めて強調するために、「すべての子ども」という言い方をとっています。

次に議論が白熱したのは、原文の「授業において学習活動に参加している実感・達成感をもちながら学び、生きる力を身に付けていくことができるよう」に対応する部分です。後半の「生きる力〜」が大きな目的だと解釈したので、私たちが言い換えた大きな目的である「自分らしくみんなと生きていく」という言葉を先に出しました。

「学ぶ」という言葉の意味としては、点数化され、評価される学力を高める学習にとどまらず、むしろ自分らしくみんなと生きていくために必要な学習を優先したいという思いがあります。安心して自分らしく学ぶ場は、大人ではなく、子どもが自ら選ぶことが前提になっています。

次に、原文の「幼児、児童及び生徒の学習上又は生活上の困難を理解し」の部分は、「目の前にいる一番しんどい子」としました。「しんどい」は、大阪の方言のニュアンスが強いということで議論になりましたが、あえて使うことにしました。主として子どもの身体的や心理的な不調を意味する言葉ですが、それだけではなく、その子の背景や取り巻く状況の困難さも含んでいます。

また、「一番しんどい子」は、障害がある子や貧困家庭の子、多国籍の子といった、わかりやすくカテゴライズされたものとは限りません。「しんどい」の主語は、子ども自身です。大人が関わっていてしんどいのではなく、その子自身がしんどいということです。

最後に、「個別の教育的ニーズに対して」の部分は、「その子ではどうにもならんことに対して」としました。大人が、その子の特別な教育的ニーズを考えるのではなく、その子が自分でどうにもできないと感じている部分を大事にしたいという思いが入っています。そのあとにある、「一人でどうにかしようとせず」は、「大人が自分一人でどうにかしようとせず」という意味です。そもそも自分一人ではどうにもできないのだ、という前提に立っています。だから、「周りの子どもたちや大人たちと一緒にその子から学び、その子を変えるわけではなく自分が変わる」としました。

また、原文は「理解する」で締められていますが、そもそも私が一人の人間を完全に理解することなんて無理だという前提に立っているわけだから、この言葉は変えなければなりません。では、教師にとって必要な力ってそもそも何だろう、最もしんどい子と関わっていく中で、一番必要なものって何だろうとなったときに、「自分が変わる」ことであるという結論に至りました。子どもから学ぶだけで終わるのではなく、学んだ上で、その子を変えるのではなく、自分が変わるという文章になりました。

【C班がつくった全体目標】

多様な背景を持つすべての子どもたちが、学校において安心して仲間と共に生活でき、自他を大切にし、自分の考えを持ち、表現し、自分からチャレンジする力を付けていくことができるよう、子どもの人権と「社会モデル」（教員文化や学校文化、カリキュラムの再構築、環境整備、合理的配慮など）を理解し、一人一人のニーズに対して、その子を取り巻く様々な大人がつながり、応援していくための社会のあり方について学ぶ。

C班発表者による解説

私たちの班で最初に出たのは、文部科学省のコアカリキュラムには、人権に関することとのつながりが含まれていないけど、絶対に入れたほうがよいということでした。それと、特別支援教育は、学校だけで終わってては絶対にいけないと考え、社会とつながるというところは、すごく意識してつくりました。

最初につくった草案では、「すべての子どもたちが」から始まる文にしていたのですが、これから教員になろうとしている人たちが、「すべての子どもたち」という言葉を見ても、自分の経験した子どもたちしか想像できないだろうと思って、「多様な背景を持つすべての子どもたち」としました。

最初に学校で過ごすことへの安心感があって、自分が大事だということを理解でき、その結果他人を大切にでき、自分の考え方がまとまり、そして他人とつながろうとする意欲につながるのではないかと考え、大空小の４つの力を少し変更して、このように入れ込みました。

原文にある「学習上又は生活上の困難を理解し」をどう解釈するかは、とても悩んだところです。議論するなかで、本当に必要なのかという話になって、代わりに、「子どもそのものを理解する」という言葉にしようとなりました。子どもそのものを理解するときに、人権であるとか、社会モデルということは知っていなければならないということで、「子どもの人権と『社会モデル』（教員文化や学校文化、カリキュラムの再構築、環境整備、合理的配慮など）を理解し」と表現しました。まだ、この部分はこの文言が相応しいのかと悩んでいるところです。ただ、教員を目指す人たちが、学校の教員文化や学校文化などを教えてもらうときに、流れていく学びにならないようにしてほしいという願いは込めたつもりです。

「一人一人のニーズに対して、その子を取り巻く様々な大人がつながり、応援していく」という部分は、やっぱり応援するものである、一緒にやっていくものであるということを強調したいので、このような表現になっています。

【D班がつくった全体目標】

そのとき困っている子どもが、安心できる空気のなかで自分らしく学び合い、よりよく生きていけるように、その子の困っていることの背景（家庭、学校、地域）や課題をその子を含めて周りの人と共に考えながら対応（応援）していくために自ら学び続け、緩さ

（アソビ）を持つ。

D班発表者による解説

全体を通して、社会モデルと、当事者を含めたいろんな人とのつながりというところがポイントになっています。その辺りは他のグループと、表現は違っても同じような感じかなと思います。

この班の個性的なところは、「緩さ（アソビ）」という表現です。これを学ぶのは教職課程ということで、どんな学生が先生になってほしいかという話になりました。いろんな人と関係をつくっていくときや、自分が現場に出て学んでいくときに、緩さみたいなものが必要だろうということで、「心の余白」などの案も出ましたけど、最終的にこの表現にしました。

「緩さ（アソビ）」について補足すると、思考様式の話として取ってほしいということです。「問題行動」があるときに、大人の心に緩さがないと、叱ってしまうのが普通だと思うんです。ですから、ある程度の緩さを持っておけば、それも受け入れられるという、思考様式の話として書きました。

あと、「自分らしく」とはどういうことか、ということも大きな議論になったところです。自分を開くというか、気付きがあって自分が変容して、それを理解して、自分が楽しいと思ったことを開示して、その上でさらにみんなで学び合って、それでまた自分が変容する。だから、自分を開くといった文言も入れてはどうかという話も出ましたが、構成上なくなりました。

【E班がつくった全体目標】

すべての子どもには、それぞれに社会的不利・弱さ・しんどさ・困難・生きづらさがある。同時に、すべての大人にもそれぞれに社会的不利・弱さ・しんどさ・困難・生きづらさがある。子ども一人一人が自分らしく安心して学ぶ環境を保障するために、その子を含んだその子に関わるすべての人が、それぞれが学び続ける存在であることを自覚する。その時々に最もしんどい子どもを中心として、ありのままを認め自分らしく生きていけるよう、学校・授業のあり方を変え続け、子ども自身を信じ応援する周りの大人・子どものつながりをつくるための試行錯誤をし続ける必要があることを理解する。

E班発表者による解説

まず、子どもだけでなく大人も同じだという視点を入れるために、第一文と第二文は、主語だけを変えて、あえて同じ文章にしました。

「それぞれが学び続ける存在であることを自覚する」というところは、川村先生の話を聞いて、自分たちは大した人ではないと自覚することの大切さを学んだので、そこは入れたいという話になりました。

インクルーシブは現在進行形の中にのみあるのだから、「試行錯誤をし続ける必要があることを理解する」という締めにしました。現場に出た場合は現場で試行錯誤し続ける必要があるし、出ない場合も他の場で試行錯誤し続ける必要がある、完結はないのだということを、これを学ぶ学生たちに理解してほしいと思っています。

木村「ありのままの自分」というこの言葉は、子どもの事実を通して話ができているときはいいんです。例えば、川上康則先生が最後に「この子があるがままではいけないんだよ」とおっしゃった。それを聞いて、みなさんは一瞬、抵抗感を抱いたと思うんですね。でも、川上先生が言った「あるがままでは駄目なんだ」ということの意味は、「ありのままの自分というのは、止まっているのではない。一秒一秒、ありのままの自分は変わり続けている。それが、ありのままの自分なんだ」ということだと思うんです。

私たちも、ワークショップ1日目のありのままの自分と、今日、4日目のありのままの自分とを比べると、すごく進化していると思うんですね。だから、「ありのままの自分」という言葉を、この行間を、私たちがどう理解するかということが大事かなって、今思いました。

【F班がつくった全体目標】

すべての子どもが学校や地域において学びを楽しみ、自分らしく生きていけるよう、一人一人のありのままを理解し、周囲の子ども・大人と共に学び合うために、試行錯誤し続ける姿勢を身に付ける。

F班発表者による解説

これを読むのは教員ではなく、大学生だということを意識し、長すぎると読みにくいだろうと、とにかくシンプルにすることを心掛けました。

「生きる力」を言い換えるために、最初は「見える学力」と「見えない学力」という言葉を使おうとしました。しかし、議論する中で、見える学力とは点数を取ることだと大学生にもわかるだろうから不要ではないか、ただ、見えない学力といったときに、説明が必要だろうという話が出ました。学校行事で付ける力や、クラスの中で普通に生活している中で付いていく力などは、実際には教員でないとわからないのではないかということになり、使用することをやめて、「生きていけるよう」としました。

最後の部分は、大学生たちに変わり続ける姿勢を身に付けてほしいということで、この表現になりました。

小国　全体目標を考えるにあたって、二通りのグループがありました。一つは、大学生には必要な、特別な限定された知識があるというふうに考えて、目標を考えたグループ。もう一つは、例えば、職場に帰っても、これを手掛かりとして実践していこうとしていて、「みんなの学校」は実現できるという前提で考えたグループ。

どちらのほうが、より深い仕事が可能になるのか。それから、より深いカリキュラムを構想することにつながっていくのかというと明らかだと思います。例えば、小学生にはこれはできるけど、これはできないとか、初任の先生にはこれはできるけど、これはできないとか、そのように対象をセグメント化して、それに必要な知識と目標を考えることはいくらでもできるわけです。それでは、「みんなの学校」にならない気がしています。

木村　まだまだ議論は尽きないところですが、時間となりました。みなさん、とても悩んでいただいたと思います。そこが、その過程がとても大事です。ただ、今日はゴールではありません。これからもどれだけ考え続け、どう進化していくかが大事です。最後に小国先生がまとめてくれて、このワークショップは終わりとなります。丸投げします（笑）。

小国　4日間、お疲れさまでした。初日の段階では、こういうまとめができるとは、僕も含めて、どなたも思っていなかったのではないでしょうか。このようなまとめができたということは、大きな学びのあった4日間になったのだという気がしています。

初日、木村先生からは、自分の言葉で考えることの重要性と難しさ、流布している言葉で考えてしまうことの弱さ、そういうことを教えていただいた気がします。

星加先生からは、障害の社会モデルという考えが、一種の武器になる、思想とか言葉は戦うときの武器になるということを教えていただきました。しかし、そのときにわからなかったのは、何が目指すべき理念として共有されるべきことなのかということでした。障害の社会モデルは、戦うときの武器になるのだけれど、それだけではどうにも戦えないということがわかった1日目でした。

2日目、私は、インクルーシブ教育は一人一人の人権から発するという話と、それから、大人も子どもも学校を構成する一人一人が大切にされるということを考える必要があるという話をしました。そこで少し、障害の社会モデルがわかりつつも、まだわからない部分がありました。それが、前川さんの話を通して、ある意味、全体の大きな絵と結び付きました。つまり、排除の傾向が厳しくなるこの日本社会の現状って何なのかという問題は、現在の政治の難しさであり、学校の置かれている教育行政の難しさである――そういうことを含めて考えないと、我々が今戦っている現実は理解できない。大きく視野を広げていただいたような気がしました。

2日目の午後になると一転して、南都先生から、目の前の具体的な一人の子どもについて真剣に考え抜くことが、ある意味、教育の突破口になり得るという、そういう見方の強さを教えていただきました。

3日目の午前の川上先生のお話と、午後の川村先生のお話は、見事なコントラストでした。専門性に基づく支援と、凡庸な人たちが幾重にも取り巻くことによる温かい支援と、どちらが大切なのかというのは、すごく大きな気付きでした。そこに当事者として関わるときに、「笑い」という機能が大きな役割を果たす――これは先ほどのワークでどのグループからも出ていなかったポイントですね。この部分が各グループの文言に落ちていないことも、課題として残るのだろうという気がしています。

4日目の堀先生の話は、私たちが考えてきた2日目からの議論を、改めて詳しく教えていただくような内容だったと思います。

これは僕個人の感想ですが、この4日間は大学のカリキュラムについて考えたのではなく、「みんなの学校」って何なのかということを考えた時間だったのかなと改めて思います。

ですから、先生方が勤務校にお戻りになられて、この理念を手掛かりにされた結果、いろいろな新しい着想が湧くようになったのであれば、大きな学びが生まれたことになります。「大学のカリキュラムを考えるプロジェクトに参加したんだよね」ということで終わってしまったのなら、ご自身の学びにはならなかったことになると思います。

僕自身は大学に勤めている身ですから、大学という学びの場をどう変えていけるのかというのが、大きな課題だと思っています。

このワークショップは、第一歩に過ぎません。もっと考え続けていく必要があるし、もっと豊かな言葉で語れるようになる必要があります。恐らく、僕らがいろんな実践ができるようになる、いろんな試みができるようになることと、より豊かに語れるようになるということが、相即的に起こっていくことになるのだろうと思います。

1日目に我々が語ることができた言葉のレベルと、今日4日目に生まれた言葉とを比べると、今日ははるかに高いレベルで語れるようになったはずです。今日の我々のレベルは、恐らく実践にも返っていく、日々の取組にも返っていくという気がします。

いろいろな学びをいただいて、ありがとうございました。皆さまに感謝の気持ちをお伝えして、終わりにさせていただきたいと思います。

小国喜弘によるあとがき

初日、私を含めて参加者の多くは、「みんなの学校」をつくるための特別な正解や秘訣を4日間で学び取れると考えていました。しかしプログラム全体を通して、我々は、マニュアルは一切ないことに気づくと共に、「みんなの学校」をつくるための努力を自分たちなりに明日から始めることができるという、かすかではあっても確かな希望を学び取ることになりました。「みんなの学校」は、英語でいえば「school for all」、インクルーシブ教育の学校をあらわす言葉です。「みんなの学校」をつくるためには、まず学校という場自体を定義し直す必要があることを我々は学びました。ユネスコのインクルーシブ教育の理念やさらには日本国憲法26条の再解釈の中で分かったことは、学校は、児童・生徒の個々の能力の発達を促す場である前に、多様な他者と共生し民主主義社会を構築するための原体験をする場であるべきということでした。故に、児童・生徒だけでなく教職員にとっても居心地のいい場所であること、さらに児童・生徒、教職員の意志が学校経営に反映されていることが重要なのです。

その際、特に学校におけるマイノリティの児童・生徒が不利益を被っていないかに注目することが必要です。星加さんは、そのような不利益を可視化するための手段として「障害の社会モデル」を提示されました。その不利益が彼らの個人的特性によるものではなく、学校で当たり前とされている文化や規則に由来するものであるとすれば、その文化や規則をどのように変更するかが問われるわけです。堀さんも、御自身の体験から排除されることの辛さを語られ、同時に、インクルーシブの理念について話されました。

川上さんの話からは、合理的配慮として個々の子どもに必要なことは何かについて、南都さんの話からは、子どもや教職員と対話し、一人の具体的な子どもの姿から学校の当たり前を問い直し続けることの重要性を学びました。また川村さんは、当事者を交えて行う応援ミーティングという手法の可能性について話をしていただきました。付け加えれば川村さんの話に参加者の多くは深い感銘を受け、ワークショップ後、川村さんの浦河ひがし町診療所に十数人で見学にうかがい、さらに学びを深める機会を持ちました。

また前川さんの講演を通して、我々は、現在の日本が学校における排除と差別がますます深刻化するであろう危機的な政治状況にあることを学び、学校の中で誰もが一人の人間として大切にされるというごく当たり前の願いが、政治に対する草の根の抵抗でもあることに気づくことになりました。

講演の一つ一つが新鮮な驚きと発見に満ちていましたが、同時に、木村泰子さんの絶妙なファシリティの下で議論を重ねる中で私たちの学びは深まっていきました。自らの置かれている状況に即して、聞いた話から何を学び取るべきか、ときには講演に対する批判的な感想も含めて対話しました。その中で「みんなの学校」を自らの職場でつくるためのたくさんの手がかりを得ることになりました。

この本を手にとってくださる方には、大学生、保護者、市民、教職員といった多様な方がおられると思います。読んでくださった方、ぜひ、この本で得た気づきやヒントを手がかりとして、目の前の人々と、学校のあるべき姿についての議論を開始していただきたいと思っております。そのなかで、一人でも多くの方々が、「みんなの学校」をつくる取組に参加していただきたいと願う次第です。

最後に、ワークショップの議論を読みやすい文章に再構成してくださったライターの長昌之様、会場の雰囲気を余すところなく写真に収めてくださったカメラマンの西村智晴様、本書の刊行をお引き受けくださり、さらに丁寧な編集と緻密な構成で一冊の本に仕上げてくださった小学館の白石正明様に心より御礼を申し上げます。

二〇一九年　一月二八日　小国喜弘

木村泰子によるあとがき――

4日間の学びを一言で語ると「楽しかった！」に尽きます。「すべての子どもの学習権を保障する学校をつくる」ために何が大事なのかについて、それぞれの立場で研究や実践をしている人たちが時間を忘れて対話している空気は尊いものでした。ときには、対立することもありましたが、そんなときは誰からともなく学びの目的は何だったのかと自分を振り返り、感情をコントロールしながら対話を深めていきました。言葉にこだわり、言葉の持つ意味を共有したうえでの対話は、豊かな発想が次から次へと生まれ、誰もが納得する新たな言葉を見つけ出していきました。この4日間の大人の学びの空気を子どもたちがともに吸えば、どれだけ大人になることにあこがれを持ち、学び続けることの楽しさを共有するだろうかと、ワクワクする感情をおさえられない4日間でした。

「みんなの学校」をつくるためのノウハウやマニュアルを見つけ出そうとスタートした空気が、いつしか（そんなものがないのが「みんなの学校」なんだ）と気づき始めました。貴重なご講演をいただいた講師の方々の話から、互いに接点を見出し、新たな学びをつなぎあわせていく中で、いくつもの共通点が浮かび上がってきました。「いいものはいい」「おかしなことはおかしい」と、子どもの周りの大人の一人一人が、自分で考える営みなしに「みんなの学校」はつくれないということにもたどり着きました。

この本を手に取ってくださる皆さま、4日間、それぞれが今の自分をすべて出し切って対話を重ねた結果、マニュアル本にはなっていません。だからこそ、一行一行に読んでくださる皆さまのお考えを重ねていただきたいのです。特に、大学で特別支援教育を学ばれる学生の皆さん、「教育」は知識やマニュアルでは成立しません。「教える」技がどれだけスペシャルでもすべての子どもの学びを保障することはできません。教員の「指導」の結果は、目の前の子どもの事実からしか評価できないからです。「障害」を見ると子どもが見えなくなります。24時間「自閉症」の子どもはいません。周りの環境によって「自閉症」という特性が出るだけです。すべての子どもと子どもをつなぐことを学校づくりの目的にすれば、「みんなの学校」はどこででもすぐにできます。教員のため、校長のため、組織のための学校をつくっていては、すべての子どもの学習権を保障できないだけでなく、すべての子どもの命さえも守ることができません。このことを子どもの周りの大人が自覚することから始めなければならないと強く感じる今です。学校は、すべての子どもが幸せになるために学び合う場です。どんな指導ができるかではなく、目の前の子どもが安心して学び合っているかの事実だけをみようとする教員になっていただきたいとの願いから、この本がつくられました。

あとがきを書いている今も、ある市では全国学力調査の結果を上げた校長の給料を上げると報道しています。同時に、小二の子どもが学校でのいじめを苦に母に首を絞められ、母も自らの命を絶ってしまい、また、小四の子どもが父親に命を奪われてしまったと報道しています。学校・家庭・地域社会は、何度取り返しのつかない失敗を繰り返すのでしょう。何人の子どものかけがえのない命を失ったら変われるのでしょうか。すべてが救える命です。

私自身の無力さを含め、すべての子どもが安心して本音を語り続けることのできる、目の前の大人が必要です。学校はいち早く子どもの変化に気づける場でなければなりません。そのためには、（今日は誰が一番困っている？）と、子どもの見えないところを見ようとする様々な大人のチーム力が必要不可欠です。すべての子どもが「自分から　自分らしく　自分の言葉で語る」事実があって、初めてインクルーシブ教育を語れるのだと思います。正解のない問いを問い続ける学びがインクルーシブ教育だと語っても過言ではないことも4日間の学びで確信しました。

このセミナーにかかわっていただいたすべての皆さまに心から感謝の思いでいっぱいです。一人では何もできない、「みんな」がいるから4日間の学びをゲットできました。

ありがとうございました。

二〇一九年　二月二日　木村泰子

【星加良司講座　参考文献】

■堀正嗣監訳『ディスアビリティ現象の教育学—イギリス障害額からのアプローチ』／現代書館／２０１４年　—ジュリー・アラン「フーコーと特別な教育的ニーズ—子どもたちのメインストリーム化経験を分析する『道具箱』」中村好孝訳

■イアン・ハッキング著・出口康夫・久米暁訳『何が社会的に構成されるのか』／岩波書店／２００６年

■川越敏司他編著『障害学のリハビリテーション—障害の社会モデルその射程と限界』／生活書院／２０１３年　—星加良司「社会モデルの分岐点—実践性は諸刃の剣？」

■『支援』vol.5／生活書院／２０１５年　—星加良司「『分ける』契機としての教育」

■『障害学研究』vol.13／明石書店／２０１８年　—星加良司「合理的配慮と医学モデルの影」

■マイケル・オリバー著・三島亜紀子・山岸倫子・山森亮・横須賀俊司訳　『障害の政治—イギリス障害学の原点』／明石書店／２００６年

■1993, "Re-defining Disability: A Challenge to Research," Swain, J. et al, Disabling Barriers: Enabling Environments, Sage.

【小国喜弘講座　参考文献】

■柴田靖子『ビバ！　インクルージョン：わたしが療育・特別支援教育の伝道師にならなかったワケ』／現代書館／2016年
▽親の立場からの特別支援教育批判。いま、普通学級か特別支援学級かで悩んでいる保護者の人たちに読んでほしい一冊。
■鈴木大裕『崩壊するアメリカの公教育　日本への警告』／岩波書店／2016年
▽アメリカにおける「排除」がどのように進行しているかがよくわかる。私たちがどこに進もうとしているのかに関しての貴重な警鐘となっている。
■森田洋司他『医療化のポリティックス：近代医療の地平を問う』／学文社／2006年
▽日本において「医療化」がどのように進行していったのかについて、我々の問題がどのように医療によって創られていったのかが批判的に理解できる。
■向谷地生良『技法以前　べてるの家のつくりかた』／医学書院／2009年
▽浦河べてるの家の活動と理念がわかる一冊。川村敏明氏の鼎談が収録されている。
■嶋田和子『ルポ精神医療につながれる子どもたち』／彩流社／2013年
▽精神医療においておきている薬剤の過剰投与の危険が描かれている。安易に医師に連れて行く前に読んでおきたい一冊。

■高岡健『やさしい発達障害論』／批評社／2018年
▽医師の立場から安易に発達障害と診断する時代を批判的に読み解いている。
■北村小夜『一緒がいいならなぜ分けた　特殊学級の中から』／現代書館／1987年
▽公立中学の特殊学級の担任教師だった著者が、「分けない」ことになぜこだわり続けたのかを教師体験に則して綴っている。
■インクルーシブ教育データバンク『つまり、「合理的配慮」ってこういうこと!?：共に学ぶための実践集』／現代書館／2017年
▽「共に学ぶ」ために「合理的配慮」をどのように使えばいいのかについての実践的な事例集となっている。
■トニー・ブース、メル・エインスコウ『インクルージョンの指標』（原題／Index for Inclusion: developing learning and participation in Schools)
http://www.csie.org.uk/resources/inclusion-index-explained.shtml　※英文のみ

【川上康則講座　参考文献】

■下山直人編著『インクルーシブ教育システムにおける特別支援学校の未来　～子ども・保護者・地域～』／社会福祉法人全国心身障害児福祉財団／2013年

【参考文献】

■川上康則『〈発達のつまずき〉から読み解く支援アプローチ』／学苑社／2010年
■川上康則『こんなときどうする？ストーリーでわかる特別支援教育の実践　ケーススタディからのアプローチ』／学研プラス／2016年
■川上康則『通常の学級の特別支援教育　発達につまずきがある子どもの輝かせ方』／明治図書／2018年
■木村順・川上康則・加来慎也・植竹安彦編著『発達障害臨床研究会著　開けばわかる発達方程式　発達支援実践塾』／学苑社／2014年

「みんなの学校」をつくるために
──特別支援教育を問い直す──

2019年３月25日　　初版第一刷発行

著　者　木村 泰子
　　　　小国 喜弘

発行者　杉本　隆

発行所　株式会社　小学館

〒101-8001　東京都千代田区一ツ橋２-３-１

電話　編集：03-3230-5683　　販売：03-5281-3555

印　刷　三晃印刷株式会社

製　本　株式会社若林製本工場

編　集　白石正明

Printed in Japan　ISBN 978-4-09-840197-0